Wirtschaftspolitische Forschungsarbeiten der Universität zu Köln

Band 42

I0028650

Verfahren, Methoden und neue Ansätze zur Beurteilung von Länderrisiken

von

Beena Kochalumottil

Herausgegeben von Prof. Dr. Manfred Feldsieper

Tectum Verlag
Marburg 2002

In der Schriftenreihe *Wirtschaftspolitische Forschungsarbeiten* des Tectum Verlags erscheinen in unregelmäßiger Folge herausragende Forschungsarbeiten aus dem Umfeld der Universität zu Köln.
Herausgegeben wird die Reihe von Prof. Dr. Manfred Feldsieper.

Die Deutsche Bibliothek - CIP-Einheitsaufnahme

Kochalumottil, Beena:
Verfahren, Methoden und neue Ansätze zur Beurteilung von Länderrisiken
/ von Beena Kochalumottil
- Marburg : Tectum Verlag, 2002
Wirtschaftspolitische Forschungsarbeiten der Universität zu Köln ; Bd 42
ISBN 3-8288-8348-6

Tectum Verlag
Marburg 2002

Herzlichen Dank an alle, die zum Gelingen dieser Arbeit beigetragen haben.

Besonderer Dank gilt:
Meinem Freund Dirk Lubig für wertvolle Hinweise sowie seine jederzeitige Unterstützung; Meiner Familie für Korrekturhinweise; Prof. Dr. Manfred Feldsieper für die Betreuung und für wichtige Anregungen; Michael Fritsche, Björn Gebel, Michaela Roemkens und Alice Witzke für Hinweise und Korrekturen; Mitarbeitern von Moody's Investors Service (New York und Frankfurt am Main), Standard & Poor's (London und Frankfurt am Main) und Fitch IBCA (New York) für die Informationsbereitschaft und ihre Zusammenarbeit.

Köln, im Oktober 2001

Meinen Eltern,
meinen Schwestern und Dirk

VORWORT

Die vorliegende Schriftenreihe hat zum Ziel, die Forschungsbemühungen und Forschungsarbeiten insbesondere jüngerer Nachwuchswissenschaftler einer breiteren Öffentlichkeit bekannt zu machen. Ausgewählt werden nur Arbeiten, die nach Einschätzung des Herausgebers von ihrer Thematik, von ihrer Darstellung und von ihren Ergebnissen her auch für einen breiteren Kreis von Fachleuten von Interesse sein könnten. Aufgenommen werden sollen vor allem Arbeiten mit starkem wirtschaftspolitischem und wirtschaftsempirischem Bezug.

Finanzkrisen in einzelnen Ländern oder einer Weltregion sind durchaus ein vergleichsweise häufiges, wenn auch nicht notwendigerweise ein regelmäßiges Element der Wirtschaftsgeschichte der Neuzeit. Da sie „irgendwie" geregelt werden und die realen Ökonomien der betroffenen Länder natürlich überleben, manchmal trotz und nach solchen Krisen erstaunlich gut, wird das historische Gedächtnis für solche Finanzkrisen mit zunehmendem zeitlichen Abstand immer lückenhafter und vergeßlicher. In den ersten Jahrzehnten nach dem Zweiten Weltkrieg im vorigen Jahrhundert schien das Phänomen der Finanzkrisen infolge des weltweiten ‚Festkurskorsetts' des Bretton-Woods-Systems mit umfangreichen Kapitalverkehrskontrollen weitgehend verschwunden und aus dem Bewußtsein getilgt. Die schon bald nach dem Zusammenbruch dieses Währungssystems und der Lockerung der Kapitalverkehrsbeschränkungen Anfang der 80er Jahre des vorigen Jahrhunderts plötzlich und vehement einsetzende Finanzkrise, die von Mexiko ausgehend ganz Lateinamerika erfaßte, erschien zunächst als ein zwar gravierender, aber doch eher einmaliger Betriebsunfall. Die sich dann in den 90er Jahren in immer rascher Abfolge wiederholenden Finanzkrisen in vielen anderen Regionen der Welt mit ihrem Ansteckungspotential haben Finanzkrisen vorerst zu einem ‚regelmäßigen' wirtschaftlichen Vorgang gemacht.

Die Ursachenforschung über Finanzkrisen und insbesondere die Vorhaben zur Entwicklung eines Messinstrumentariums, mit dem potentielle ‚Bebenherde' möglichst frühzeitig erkannt werden sollen, damit durch angemessene Remeduren vielleicht ein ‚Ausbruch' noch verhindert werden könnte, haben im vergangenen Jahrzehnt ein verstärktes Interesse erfahren, ohne daß man sagen könnte, daß die mit Finanzkrisen zusammenhängenden Fragen in theoretischer Sicht schon ausreichend beantwortet und in empirischer Sicht zufriedenstellend gemessen worden wären.

Einen Bereich aus diesem Finanzkrisenszenario greift die vorliegende Arbeit von Frau Kochalumottil auf: die Frage nach dem individuellen Länderrisiko und dessen angemessener Wiedergabe in empirisch verfügbaren oder (neu) zu konstruierenden Indikatoren.

Die Einzelheiten der Untersuchung von Frau Kochalumottil können und sollen an dieser Stelle nicht referiert werden. Es wird jedoch deutlich, daß die empirische Forschung zu internationalen Finanzkrisen und ihrer Früherkennung wohl in vielen Punkten noch am Anfang steht und daß die Gewinnung verständlicher und einfach handhabbarer Frühindikatoren zur Erkennung potentieller Bebenherde mit den gleichen Problemen zu kämpfen hat wie die Erstellung und Konstruktion makroökonomischer Gesamtindikatoren, die das konjunkturelle Geschehen – möglichst gut und wenn es geht auch mit Vorlauf – mit Hilfe eines oder nur ganz weniger empirischer Indikatoren möglichst zuverlässig abbilden und erfassen wollen.

Weiterer Forschungsmut auf diesem Gebiet ist also gefragt, ohne daß man den Forschern – zieht man die Parallele zu der Gesamtindikatorendiskussion in der empirischen Konjunkturforschung – eine hohe Erfolgswahrscheinlichkeit bei ihren Bemühungen prognostizieren könnte.

Wer sich einen Überblick über den aktuellen Stand der Forschung zu Fragen des Länderrisikos und seiner Messung verschaffen will, wird die vorliegende Studie mit Gewinn lesen.

Köln, im Oktober 2001   Univ.-Prof. Dr. Manfred Feldsieper

INHALTSVERZEICHNIS

ABKÜRZUNGSVERZEICHNIS

Bd.	Band
BIZ	Bank für Internationalen Zahlungsausgleich
bzw.	beziehungsweise
c. p.	ceteris paribus
d. h.	das heißt
DSR	Debt Service Ratio
et al.	und andere
f.	folgende
ff.	fort folgende
Hrsg.	Herausgeber
i. d. R.	in der Regel
i. w. S.	im weiteren Sinne
IMF	International Monetary Fund
IWF	Internationaler Währungsfonds
Jg.	Jahrgang
Moody's	Moody's Investors Service
Nr.	Nummer
o. g.	oben genannte
o. Jg.	ohne Jahrgang
OECD	Organization for Economic Cooperation and Develoment
S.	Seite
s.	siehe
u. a.	unter anderem
UN	United Nations
vgl.	vergleiche
Vol.	Volume
v.	vom
z. B.	zum Beispiel

ABBILDUNGSVERZEICHNIS

1 EINLEITUNG

Im Zentrum der Untersuchung von Länderrisiken stehen mögliche Schulden-dienststörungen eines Landes gegenüber dem Ausland. Sie können entweder durch objektiv wirtschaftliche Schwierigkeiten (Zahlungsunfähigkeit) bedingt sein oder auf eine bewußte Entscheidung der Regierung zurückgehen, die auf diese Weise politische Ziele verfolgt (Zahlungsunwilligkeit). Zur Beurteilung von Länderrisiken sind grundsätzlich zwei Vorgehensweisen denkbar. Länderri-siken können entweder aufgrund von beobachtbaren Risikoursachen (direkte Methode) oder aufgrund von am Kapitalmarkt beobachtbaren Risikowirkungen ermittelt werden (indirekte Methode).[1]

Direkte Methoden zur Beurteilung von Länderrisiken erfordern Kenntnisse der politischen und wirtschaftlichen Ursachen von Länderrisiken, sowie Informatio-nen über die Zusammenhänge zwischen Ursachen und Höhe von Länderrisiken.

Theoretische Grundlage für die indirekte Methode bildet die – durch zahlreiche empirische Untersuchungen gestützte – Hypothese effizienter Kapitalmärkte, wonach *bond*-Preise[2] jederzeit alle verfügbaren relevanten Informationen re-flektieren. Dies bedeutet, daß Länderrisiken durch *bond*-Preise am Kapitalmarkt ermittelt werden können. Gerade jüngste Beispiele wie die Krisen an den Kapi-talmärkten in Asien oder in Lateinamerika verdeutlichen die große Bedeutung von Länderrisiken und gleichermaßen ihre Problematik. Auch im Jahr 2000 exi-stieren immer noch gravierende Probleme bei der Beurteilung und vor allem bei der Früherkennung von Länderrisiken. So wurde das Ausmaß der Asienkrise zu spät erkannt. Aus diesem Kontext ergibt sich die zentrale Fragestellung dieser Arbeit, welche Verfahren und Methoden zur Beurteilung von Länderrisiken exi-stieren und wie effizient diese sind.

Dazu werden zunächst in Kapitel 2 die theoretischen Grundlagen des Länderri-sikos vorgestellt. Neben der Abgrenzung und den einzelnen Komponenten des Länderrisikos soll der Schwerpunkt auf den Problemen und vor allem den Kon-sequenzen aus dem Eintritt des Länderrisikos liegen.

---

[1]   Vgl. POIGNANT-ENG, C., Messung, 1992, S. 18 ff.

[2]   *Bond* ist das englische Wort für Anleihe. Im weiteren Verlauf der Arbeit werden unter den Bonds nur Anleihen der öffentlichen Hand (Staatsanleihen) subsumiert, d.h. die lang-fristige Schuldenaufnahme am in- und ausländischen Kapitalmarkt gegen Ausgabe (meist) festverzinslicher Inhaberschuldverschreibungen.

In Kapitel 3 werden die konventionellen Verfahren und Methoden zur Beurteilung von Länderrisiken vorgestellt. Nach einer Systematisierung aller existierenden Verfahren werden die weiteren Untersuchungen auf die kommerziellen Anbieter von Ratings eingegrenzt. Bevor jedoch im einzelnen auf die angewandten Methoden dieser kommerziellen Anbieter von Länderratings – und hier speziell die der Rating-Agenturen Moody's und Standard & Poor's – eingegangen wird, erscheint es sinnvoll, die Notwendigkeit von kommerziellen Anbietern mit Hilfe der Principal-Agent-Theorie zu erklären.

Anschließend wird in Kapitel 4 der Einfluß der Länderrisiken auf den Kapitalmarkt untersucht. Nach dem hierzu das Zinsspread-Modell als Grundlage zur Beurteilung von Länderrisiken erläutert wurde, kann die Frage behandelt werden, welchen Einfluß das Rating bzw. die Veränderung eines Ratings auf den Kapitalmarkt hat. Ob ein Rating einem informationseffizienten Markt überhaupt noch neue Informationen liefern kann ist nicht nur in der Literatur, sondern vor allem in der Praxis eine überaus „spannende" Frage, denn letztlich geht es dabei um die Legitimation von kommerziellen Rating-Anbietern.

In Kapitel 5 findet am Beispiel der Asienkrise eine Untersuchung der Effizienz und Qualität der Prognosefähigkeit der alternativen Verfahren zur Beurteilung von Länderrisiken statt. Wie sich zeigen wird, kommt es dabei zu Ergebnissen, die die Entwicklung von neuen Ansätzen zur Verbesserung der Früherkennung von Länderrisiken als notwendig erscheinen läßt. Aus diesem Grunde werden diese neuen Ansätze mit Hilfe aktueller interner Analysen der internationalen Rating-Agenturen Moody's und Standard & Poor's vorgestellt.

Eine Zusammenfassung der Ergebnisse und ein Ausblick über die zukünftige Beurteilung von Länderrisiken runden die Arbeit in Kapitel 6 ab.

Es sei an dieser Stelle angemerkt, daß seit der Asienkrise nur wenige wissenschaftliche Arbeiten zur Verbesserung der Beurteilung und der Früherkennung von Länderrisiken veröffentlicht wurden. Diese Arbeit will deshalb dazu beitragen, die immer noch bestehende Problematik der Länderrisiken aufzuzeigen und eine wissenschaftliche Diskussion einzuleiten.

2 THEORETISCHE GRUNDLAGEN DES LÄNDERRISIKOS

2.1 Definition und Abgrenzung des Länderrisikos

Das Risiko wird allgemein als die Gefahr definiert, daß ein tatsächlich realisiertes Ereignis vom erwarteten Ergebnis abweicht.[3] Es läßt sich auch als die Gefahr der negativen Zielabweichung definieren, welche durch Ungewißheit bezüglich des Eintreffens zukünftiger Ereignisse gekennzeichnet ist.[4] Risiken resultieren folglich aus der Tatsache, daß Unsicherheiten über den zukünftigen Zustand entscheidungsrelevanter Größen bestehen.[5]

Unter Zugrundelegen eines sehr weiten Begriffsverständnisses wird unter dem Begriff Länderrisiko *(country risk) „die Summe all jener Risiken verstanden, die aus der Gewährung grenzüberschreitender Kredite entstehen“*.[6]

Unter dem Oberbegriff Länderrisiko *(country risk)* wird sowohl das Transferrisiko *(transfer risk)* als auch das hoheitliche Risiko *(sovereign risk)* subsumiert.[7]

Das *transfer risk* besteht darin, daß ein Schuldner, trotz vorhandener Zahlungsfähigkeit, seinen Zahlungsverpflichtungen infolge staatlicher Devisenbewirtschaftungsmaßnahmen nicht ordnungsgemäß nachkommen kann.[8] Das *transfer risk* bezieht sich also auf bonitätsmäßig einwandfreie Wirtschaftssubjekte des privaten Sektors. Das *sovereign risk* umfaßt hingegen das Risiko, daß der Staat sich selbst außerstande sieht, seine Schulden fristgerecht zu bedienen.[9] Das *sovereign risk* definiert sich nach HEFFERNAN wie folgt:

„Sovereign risk analysis concerns itself with the identification of countries which will be unable to meet their commitments on sovereign external debt,...“[10]

---

[3]   Vgl. BÜSCHGEN, H. E., Bankbetriebslehre, 1998, S. 865.

[4]   Vgl. PRZYBYLSKI, R., Neuere Aspekte, 1993, S. 43, vgl. auch HAAN, H. DE, Risikopolitik, 1984, S. 12.

[5]   Vgl. BAXMANN, U., Länderrisiken, 1985, S. 12.

[6]   BÜSCHGEN, H. E., Bankbetriebslehre, 1998, S. 980.

[7]   Vgl. LICHTLEN, M., Management, 1997, S. 34.

[8]   Dies ist z. B. der Fall, wenn die Konvertierung in die nötige ausländische Währung oder der Transfer der Gelder aufgrund dieser Devisenrestriktionen der zahlungsunwilligen Regierung nicht durchführbar sind. Vgl. hierzu CRAMER, M., Kreditgeschäft, 1981, S. 77.

[9]   Vgl. STOCKNER, W., Bewertung, 1984, S. 50.

[10] HEFFERNAN, S., Sovereign, 1986, S. 1.

Das *country risk* ist folglich umfassender als das *sovereign risk*, lediglich für den Fall, daß die Regierung oder eine öffentliche Instanz eines Landes als Kreditnehmer auftritt, sind *sovereign risk* und *country risk* gleichzusetzen.[11]

In engem Zusammenhang mit dem Länderrisiko steht das *default* eines Landes.[12] Unter *default* versteht man den tatsächlichen Eintritt der totalen Zahlungsunfähigkeit, also die Zahlungseinstellung eines Landes.[13] Es wird nach EATON et al. wie folgt definiert:

„Whenever the borrower gives resources to the lender that are less than the fixed amount that he is committed to pay the lender, then there is a default."[14]

2.2 Komponenten des Länderrisikos

Zur Analyse und zum Verständnis der Komplexität des Länderrisikos soll der in Literatur und in Praxis bewährten Einteilung des Länderrisikos in eine wirtschaftliche und politische Risikokomponente gefolgt werden.[15] Das wirtschaftliche Länderrisiko bezieht sich auf die Zahlungsunfähigkeit eines Landes.[16] Das politische Risiko bezeichnet die willkürliche Zahlungsunwilligkeit eines Staates und muß bei einer vollständigen Erforschung der Länderrisikoproblematik ausdrücklich in die Überlegungen mit einbezogen werden.[17]

2.2.1 Wirtschaftliches Länderrisiko

Das wirtschaftliche Länderrisiko besteht darin, daß ein Staat seinen außenwirtschaftlichen Zahlungsverpflichtungen nicht nachkommen kann.[18] Unter liquiditätsbezogenen Gesichtspunkten betrachtet ist die Zahlungsfähigkeit eines Landes solange gesichert, wie es über ausreichende Währungsreserven, Deviseneinnahmen aus Exporterlösen und / oder Kreditaufnahmen sowie Zahlungsmög-

---

[11]   In Theorie und Praxis werden die Begriffe *sovereign risk, transfer risk* und *country risk* fälschlicherweise oft als Synonyme verwendet. *Sovereign risk* kann niemals mit *transfer risk* gleichgesetzt werden, da *transfer risk* ausschließlich den Privatsektor tangiert.

[12]   Vgl. KLOSE, S., Asset-Management, 1996, S.52 f.

[13]   Vgl. Kapitel 2.4 dieser Arbeit.

[14]   EATON, J. ET AL., Theory, 1986, S. 482 f.

[15]   Vgl. GANN, JOCHEN, Investitionsentscheidungen, 1996, S. 176, vgl. auch BÜSCHGEN, H. E., Finanzmanagement, 1997, S. 288.

[16]   Vgl. BAXMANN, U., Länderrisiken, 1985, S. 41.

[17]   Vgl. LICHTLEN, M., Management, 1997, S. 35.

[18]   Vgl. CATAQUET, H., Country Risk, 1988, S. 27.

lichkeiten in eigener Währung verfügt, um die Zahlungsverpflichtungen aus Importen und Schuldverhältnissen zu finanzieren.[19] Als Determinanten des wirtschaftlichen Risikos werden viele Indikatoren herangezogen, von denen im folgenden die Bedeutsamsten vorgestellt werden. (Vgl. Anhang, Abbildung 5)

2.2.1.1 Binnenwirtschaftliche Indikatoren

Die binnenwirtschaftliche Stabilität eines Landes wird durch Determinanten, wie z. B. dem Entwicklungsstand einer Volkswirtschaft, dem Ausmaß der Kapitalbildung, der Ausstattung mit natürlichen und technischen Ressourcen sowie der Effizienz der Wirtschaftspolitik bestimmt. Dabei können folgende Indikatoren zur Quantifizierung dieser Determinanten herangezogen werden:

(1) Bruttosozialprodukt

Das Bruttosozialprodukt beschreibt die wirtschaftliche Leistungskraft einer Volkswirtschaft in einer Periode und entspricht dem Wert aller in einer Periode produzierten Waren und Dienstleistungen.[20]

Diese Kennziffer gilt als Maßstab für den wirtschaftlichen Entwicklungsstand einer Volkswirtschaft und ist insbesondere zur Ermittlung der Wachstumsrate des Bruttosozialprodukts per capita von Bedeutung.[21] Eine positive Wachstumsrate des Bruttosozialprodukts per capita kann ein Indikator für ein abnehmendes Länderrisiko darstellen. Hierbei ist jedoch genau zu hinterfragen, ob dieser Wachstumsanstieg nicht mittels einer kurzfristigen Auslandsverschuldung finanziert worden ist. Ferner findet man häufig in der Literatur die Aussage, daß das Länderrisiko um so niedriger ist, je größer das absolute Bruttosozialprodukt

---

19 Vgl. BÜSCHGEN, H. E., Bankbetriebslehre, 1998, S. 983, vgl. auch SHAPIRO, A., Risk, 1985, S. 886.

20 Vgl. BURDA, M.; WYPLOSZ, C., Makroökonomik, 1994, S. 29 f.

21 Den Zusammenhang zwischen dem Entwicklungsstand eines Landes und dem Kreditrisiko hat NAGY analysiert. NAGY kommt zu der Schlußfolgerung, daß die Kreditgewährung an Länder mit einem geringen Entwicklungsstand höhere Risiken birgt, da solche Länder meist nicht fähig sind Kredite zu kommerziellen Zwecken zurückzuzahlen. Das Länderrisiko verringert sich mit zunehmendem Entwicklungsstand einer Volkswirtschaft. Ab einem bestimmten Niveau steigt das Risiko jedoch wieder an. Diese Tatsache wird von NAGY mit der abnehmenden marginalen Produktivität der ausgeliehenen Mittel in den höher entwickelten Ländern erklärt. Denn ab einem gewissen Einkommens- und Bildungsniveau, verstärken sich die sozialen Erwartungen - z. B. in Form von Investitionen in die soziale Infrastruktur-, welche aber erst mit einer erheblichen Zeitverzögerung zu einem höheren Output führen. Demnach scheinen die Entwicklungsländer der mittleren Einkommensgruppe die interessantesten Märkte zu sein. Vgl. hierzu NAGY, P., Developing country, 1978, S. 144 ff.

per capita ist. Allerdings berücksichtigt diese Betrachtung nicht die tatsächliche Einkommensverteilung innerhalb eines Landes, die speziell in den Entwicklungsländern sehr unterschiedlich ausfallen kann. Dort kommt häufig der größte Teil des Volkseinkommens nur wenigen Bürgern zu, so daß ein höheres Pro-Kopf-Einkommen nicht unbedingt ein niedrigeres Länderrisiko impliziert.[22]

(2) Spar- und Investitionsquote

Das Ausmaß der Kapitalbildung spiegelt sich in der Spar- und Investitionsquote wider. Die Relation der Investitionen zum Bruttosozialprodukt ergibt die Investitionsquote.[23] Länder, die eine hohe Investitionsquote aufweisen, können i. d. R. auch langfristig hohe Wachstumsraten beim Bruttosozialprodukt erzielen. Solange die Grenzproduktivität des Kapitals über den Grenzkosten liegt, wird das Land langfristig in der Lage sein, seinen Verpflichtungen aus der Aufnahme von Kapital nachzukommen.[24] Die Investitionen eines Landes sollten in etwa den Ersparnissen eines Landes entsprechen.[25] Meistens liegt die Sparquote[26] in Entwicklungsländern unter der Investitionsquote, so daß zur Finanzierung von Investitionen Auslandskapital benötigt wird.[27] Länder mit hohen Spar- und Investitionsquoten verzeichnen i. d. R. auch ein höheres Wirtschaftswachstum.[28] Eine hohe Sparquote steht folglich für eine bessere wirtschaftliche Position, denn einerseits wird weniger ausländisches Kapital benötigt und andererseits können mehr Investitionen finanziert werden. Eine zu geringe Sparquote hat negative Folgen für das langfristige Wachstum eines Landes.[29] Bei der Untersuchung wirtschaftlicher Länderrisiken bildet die Spar- und Investitionsquote deshalb einen wichtigen Risikofaktor.

---

[22]   Vgl. RHEIN, W., Probleme, 1980, S. 183.

[23]   Vgl. WOLL, A., Volkswirtschaftslehre, 1987, S. 437.

[24]   Vgl. BURDA, M.; WYPLOSZ, C., Makroökonomik, 1994, S. 121 f.

[25]   Die Übereinstimmung von Investitionen und Ersparnissen wird typischer Weise auch in der makroökonomischen Theorie folgendermaßen begründet: Y = C + I und Y = C + S. Daraus folgt, daß C + I = C + S, so daß I = S; wobei I = Investitionen, C = Konsum, und S = Sparen. Vgl. hierzu FELDERER, B.; HOMBURG, S., Makroökonomik, 1994, S. 76 f., vgl. auch WOLL, A., Volkswirtschaftslehre, 1987, S. 340 f.

[26]   Analog zu der Investitionsquote ergibt sich die Sparquote aus der Relation der Ersparnisse zum Bruttosozialprodukt.

[27]   Vgl. EVERTZ, D., Länderrisikoanalyse, S. 81 f.

[28]   Vgl. THOMPSON, J. K., Index, 1981, S. 73.

[29]   Vgl. BIRD, G., Approaches, 1986, S. 9.

(3) Vorkommen der explorierbaren Rohstoffe

Die Vorkommen der explorierbaren Rohstoffe haben ebenfalls einen erheblichen Einfluß auf das Länderrisiko eines Landes.[30] Die internationale Kreditwürdigkeit eines Landes ist vom Vorhandensein von Rohstoffen und von hochgerechneten Rohstoffreserven als Einnahmequelle stark abhängig.[31] Große Vorräte an Bodenschätzen bedeuten jedoch nicht automatisch eine Erhöhung der Schuldendienstfähigkeit eines Landes. Vielmehr ist zunächst einmal zu prüfen, ob sich ein Abbau der Rohstoffe sowohl unter technischen als auch unter wirtschaftlichen Gesichtspunkten lohnen würde. Ein Abbau wird von den Explorationskosten und von den stark schwankenden Weltmarkt-Rohstoffpreisen bzw. deren voraussichtlichen Entwicklungsaussichten determiniert. Zudem unterliegt auch der Wert der noch nicht geförderten Rohstoffe den Volatilitäten am Devisenmarkt, so daß zusammengefaßt aufgrund dieser Determinanten eine nicht zu unterschätzende Hebelwirkung auf die Kreditwürdigkeit eines Landes entsteht.

(4) Inflationsrate

Auch die Inflationsrate stellt einen wichtigen Länderrisikoindikator dar. Durchgeführte Signifikanztests bezüglich dieses Indikators haben in der Vergangenheit eine eindeutige Beziehung zwischen der Inflationsrate und einer höheren Wahrscheinlichkeit der Zahlungsunfähigkeit ergeben.[32] Trotz der Relevanz der Inflationsrate als Indikator ist diese aufgrund der unterschiedlichen Meßgrundlagen[33] in den einzelnen Staaten für eine Bewertung des Länderrisikos problematisch. Zudem wird die zukünftige Schuldendienstfähigkeit nicht von den historischen, sondern von den zukünftigen Inflationsraten beeinflußt.

---

[30] Vgl. STOCKNER, W., Bewertung, 1984, S. 75.

[31] Angaben öffentlicher Institutionen über angebliche Rohstoffreserven sollten vom Kreditgeber allerdings kritisch betrachtet werden, wie im Falle Mexikos deutlich wird. Die staatliche mexikanische Erdölgesellschaft Pemex bestätigte 1978 einen Bestand von über 20 Mrd. Faß Erdöl. Diese Zahl wurde ein Jahr später nochmals auf 40,1 Mrd. Faß nach oben korrigiert Kritiker bezweifelten jedoch die Richtigkeit der Angaben, da die Mexikaner viel zu wenig Bohrungen und Förderungen durchgeführt hatten und bewerteten die ständige Erhöhung der angeblichen Reserven als Propagandamittel, um weitere Kredite aus dem Ausland zu erhalten. Vgl. hierzu, RHEIN, W. v., Probleme, 1980, S. 183 f.

[32] Vgl. STOCKNER, W., Bewertung, 1984, S. 73.

[33] Wie z. B. unterschiedliche Lebenshaltungskosten und der verschiedenen Warenkörbe.

(5) Wirtschaftspolitische Indikatoren

Indikatoren wie das Ausmaß der Staatsverschuldung, die Wachstumsrate der Geldmenge, die Arbeitslosenquote und die Struktur der öffentlichen Ausgaben[34] beschreiben die wirtschaftspolitische Situation eines Landes.[35] Ohne weitere Ausführungen läßt sich grundsätzlich sagen, daß das Länderrisiko umso höher ist, je höher diese Indikatoren sind.

2.2.1.2 Außenwirtschaftliche Indikatoren

Neben der binnenwirtschaftlichen Stabilität wird die außenwirtschaftliche Stabilität eines Landes vor allem durch die außenwirtschaftliche Abhängigkeit, die Auslandsverschuldung und durch das Liquiditätspotential des entsprechenden Landes beeinflußt. Als Indikatoren kommen hierbei vor allem Zahlungsbilanzindikatoren, die Auslandsverschuldung und die Liquiditätsreserven eines Landes in Betracht.[36]

(1) Zahlungsbilanzindikatoren

Die Analyse der Zahlungsbilanz[37] und ihre Entwicklung erlauben eine erste allgemeine Beurteilung des Länderrisikos eines Landes. Ein Defizit in der Leistungsbilanz[38] deutet bereits auf mögliche außenwirtschaftliche Probleme eines Landes hin. Ein positiver Saldo dieser Teilbilanz weist tendenziell auf ein geringeres wirtschaftliches Risiko.[39] Zwecks besserer Vergleichbarkeit der Zahlungsbilanzen zwischen verschiedenen Ländern werden Verhältniszahlen wie z. B. der Leistungsbilanzsaldo zu Bruttosozialprodukt oder der Leistungsbilanzsaldo zu Exporten und Importen gebildet. Allerdings erlauben diese Verhältniszahlen nur eine sehr grobe Analyse. Erst die Durchleuchtung der Export- und Importstrukturen eines Landes bringt weitere Einblicke in das wirtschaftliche

---

[34] Hierunter fallen insbesondere die Segmente militärischer, konsumtiver, sozialer und investiver Ausgaben am Staatshaushalt.

[35] Vgl. MÜLLER, A., Zahlungsunfähigkeit, 1990, S. 1160.

[36] Vgl. KLOSE, S., Asset-Management, 1996, S. 40.

[37] Als Zahlungsbilanz eines Landes bezeichnet man die systematische Aufzeichnung aller wirtschaftlichen Transaktionen zwischen Inländern und Ausländern für eine bestimmte Periode, z. B. ein Jahr. Vgl. JARCHOW, H.-J.; RÜHMANN, P., Außenwirtschaft, 1994, S. 15.

[38] Die Leistungsbilanz ist ein Teil der Zahlungsbilanz. Sie errechnet sich durch die Gegenüberstellung der in einer Periode getätigten Exporte und Importe von Waren-, Dienst- und Faktorleistungen. Vgl. WOLL, A., Volkswirtschaftslehre, 1987, S. 560 f.

[39] Vgl. KLOSE, S., Asset-Management, 1996, S. 40.

Risiko eines Landes.[40] Hier sind vor allem die Exportquote und die _compressibility ratio_ zu nennen.

Als Hauptdeviseneinnahme sind die Exporterlöse von großer Bedeutung. Kurzfristige Rückgänge der Exporterlöse können einerseits durch Angebotsausfälle wie z. B. Ernteausfälle und andererseits durch Schwankungen der Weltmarktpreise und der internationalen Nachfrage verursacht werden. Die Exportquote[41] von Gütern und Dienstleistungen bestimmt in großem Maße die Liquiditätsposition eines Landes und bildet einen wichtigen Indikator für die Schuldendienstfähigkeit.[42] Eine sinkende Exportquote vergrößert daher die Möglichkeit einer Zahlungsunfähigkeit.[43] Je höher die Exportkonzentration bzw. je geringer der Diversifikationsgrad der Exportgüter ist, desto höher ist die Anfälligkeit für externe Schocks.[44]

Die _compressibility ratio_ basiert auf der theoretischen Erwägung, daß die Importe verschiedener Konsumgüter, die nicht unbedingt lebensnotwendig sind, kurzfristig und temporär reduziert werden können, damit auf diese Weise die Devisenverfügbarkeit zu Schuldendienstzwecken erhöht werden kann.[45] Je niedriger die _compressibility ratio_, desto höher ist c. p. die Wahrscheinlichkeit, daß ein Land in Schuldendienstschwierigkeiten geraten kann.[46]

(2) Debt-Service-Ratio

Die Höhe der Auslandsverschuldung[47] ist ein weiteres wichtiges Kriterium bei der Beurteilung des Länderrisikos. Der wohl zur Beurteilung von Länderrisiken

---

[40]   Vgl. NAGY, P., Country Risk, 1984, S 69.

[41]   Die Exportquote ist definiert als das Verhältnis der Exporte zum Bruttosozialprodukt.

[42]   Vgl. WESTPHALEN, J., Möglichkeiten, 1982, S. 61.

[43]   Vgl. BURTON, F.; INOUE, H., Appraisal, 1985, S. 48.

[44]   Vgl. MURTFELD, M., Management, 1986, S. 199, vgl. auch BÜSCHGEN, H. E., Länderrisiken, 1985, S. 338.

[45]   AVRAMOVIC schlägt hierzu die Kennzahl für den Kompressibilitätsgrad als das Verhältnis der Konsumgüter (andere als die lebensnotwendigen Nahrungsmittel) zu den gesamten Importen vor. Vgl. hierzu AVRAMOVIC, D., Growth, 1964, S. 27.

[46]   Vgl. STOCKNER, W., Bewertung, 1984, S. 79, vgl. auch DWORAK, B., Länderrisiko, 1985, S. 85, vgl. auch KLOSE, S., Asset-Management, 1996, S. 40 f., vgl. auch RHEIN, W. V., Beurteilung, 1979, S. 69.

[47]   In der Literatur findet sich keine einheitliche Definition der Auslandsverschuldung. Die Weltbank definiert die Auslandsverschuldung in ihren „World Debt Tables" als Verbindlichkeit von inländischen öffentlichen Stellen und Privaten gegenüber Nicht-Gebietsansässigen in fremder Währung mit einer Laufzeit von über einem Jahr.

am häufigsten verwandte Indikator ist die *Debt-Service-Ratio (DSR)*. Die *DSR* definiert sich als das Verhältnis der Zins- und Tilgungsleistungen eines Landes im Verhältnis zu den Exporteinnahmen aus Gütern und Dienstleistungen, bezogen auf eine Zeitperiode, i. d. R. ein Jahr.[48]

$$DSR = \frac{Zins - und\ Kapitalrückzahlungen\ auf\ \"offentliche\ Auslandsverschuldung\ pro\ Periode}{Exporteinnahmen\ aus\ G\"utern\ und\ Dienstleistungen\ pro\ Periode}$$

Mittels der *DSR* soll die Verschuldungsgrenze eines Landes für eine bestimmte Periode festgestellt werden. Ein Anstieg der *DSR* bedeutet i. d. R. eine zunehmende Anfälligkeit des jeweiligen Landes auf Zahlungsbilanzkrisen, da ein möglicher Ausfall an Deviseneinnahmen, wenn er nicht durch Währungsreserven gedeckt ist, nur durch eine entsprechende Reduktion der Importe aufgefangen werden kann.[49]

Die *DSR* wird allerdings in der Literatur häufig kritisiert. Zum einen liegt das daran, daß die i. d. R. bis zu zwei Jahre alte Datenbasis die jeweils neu kontrahierte Verschuldung nicht genügend berücksichtigt, zum anderen erweist sich die Bestimmung eines kritischen Schwellenwertes der *DSR* als schwierig. So kann eine bestimmte Verhältniszahl in dem einen Land als besorgniserregend interpretiert werden, während sie in dem anderen Land durchaus akzeptabel sein kann.[50] Darüber hinaus ist die *DSR* ungeeignet für die ärmsten der Entwicklungsländer, denn diesen Ländern bescheinigt die *DSR* von ihrem Wert her zwar eine niedrige Risikoklasse, was aber nichts mit der Schuldendienstfähigkeit dieser Länder zu tun hat, sondern auf deren generellen Mangel an Kreditpotential zurückzuführen ist.[51] Probleme ergeben sich aber nicht nur bei der Analyse, welche Länder überhaupt mit der *DSR* auf das Verschuldungsrisiko hin über-

---

[48]   Vgl. RHEIN, W. V., Beurteilung, 1979, S. 77, vgl. auch KERN, D., Evaluation, 1985, S. 23.

[49]   Vgl. HEFFERNAN, S., Sovereign, 1986, S. 35.

[50]   In den 70er Jahren wurde häufig aufgrund von Resultaten aus empirischen Untersuchungen die Meinung vertreten, daß dieser kritische Schwellenwert bei 25% liege. Einige Entwicklungsländer erklärten jedoch schon bei weit unter 25% ihre Zahlungsunfähigkeit, so z. B. Zaire im Jahre 1975 bei lediglich 15%. Andere Entwicklungsländer lagen weit über diesem Schwellenwert und wurden erst Jahre später zahlungsunfähig, z. B. 1978 lag Brasilien bei 52% und Mexiko bei 45%. Vgl. hierzu EVERTZ, D., Länderrisikoanalyse, 1992, S. 72.

[51]   Vgl. RHEIN, W., Probleme, 1980, S. 185.

prüfbar sind, sondern vor allem im Hinblick auf die Aussagefähigkeit des ermittelten Prozentsatzes. Denn eine niedrige *DSR* könnte auch als ein geringes Kreditstanding interpretiert werden, weil das Land im Ausland keine Kredite erlangen konnte. Umgekehrt könnte dagegen auch eine hohe *DSR* z. B. nicht als ein erhöhtes Risiko interpretiert werden, sondern als wachsendes Vertrauen in die Fähigkeit eines Landes, seinen Verpflichtungen nachzukommen.[52] Eine weitere große Schwachstelle der *DSR* besteht darin, daß sie nichts über die Fälligkeitsstruktur der Verschuldung aussagt.[53]

(3) Liquiditätsreserven

Ein weiterer bedeutender außenwirtschaftlicher Indikator ist der Bestand an internationalen Liquiditätsreserven, durch den das Liquiditätspotential eines Landes bestimmt wird. Die internationale Liquidität eines Landes bestimmt dessen Fähigkeit, seinen ausländischen Zahlungsverpflichtungen jederzeit und fristgerecht nachkommen zu können.[54] Die Liquiditätsreserven setzen sich aus den Währungsreserven, den IWF-Fazilitäten[55] und den offenen Kreditlinien bei ausländischen Banken zusammen.[56] Bei kurzfristigen internen oder externen Schwankungen der Deviseneinnahmen und -ausgaben können sie Liquiditätsengpässe überbrücken.[57] Langfristig können sie jedoch nicht die Defizite der Leistungsbilanz ausgleichen.[58]

Um die Liquiditätspotentiale verschiedener Länder untereinander vergleichbar zu machen, werden häufig die Währungsreserven zu den Importausgaben ins Verhältnis gesetzt, um so einen Maßstab für die Importdeckung zu erhalten.[59]

---

[52] Vgl. RHEIN, W., Beurteilung, 1979, S. 78 f.

[53] Zu Indikatoren, wie der Auslandsverschuldungsquote (= Auslandsverschuldung im Verhältnis zum Bruttosozialprodukt) und der Schuldendeckungsquote (= Auslandsverschuldung im Verhältnis zu den Exporteinnahmen) vgl. RHEIN, W. v., Probleme, 1980, S. 186.

[54] Vgl. WALTER, I., Country-Risk, 1988, S. 8.

[55] Die IWF-Fazilitäten dienen den Entwicklungsländern als Liquiditätspolster, das sie vor einem Ausfall der Exporteinnahmen schützen soll, um in diesem Fall weiterhin die Importe abdecken zu können.

[56] Darüber hinaus können i. w. S. die Nettoauslandsforderungen und ein erwarteter Leistungsbilanzüberschuß hinzugerechnet werden. Der Leistungsbilanzsaldo ist jedoch als Stromgröße gegenüber den übrigen Bestandsgrößen mit Vorsicht zu beurteilen. Vgl. hierzu auch BÜSCHGEN, H. E., Finanzmanagement, 1997, S. 289 f.

[57] Z. B. Mißernten oder Preis- und Nachfrageänderungen am Weltmarkt.

[58] Vgl. MEYER, M., Beurteilung, 1987, S. 36 f.

[59] Vgl. BÜSCHGEN, H. E., Finanzmanagement, 1997, S. 289.

Allerdings werden bei dieser Kennzahl Bestands- zu Stromgrößen ins Verhältnis gesetzt. Die Verwendung des Leistungsbilanzsaldos anstelle der Importangaben ergibt hier eine aussagekräftigere Kennzahl, auch wenn diese Kennzahl dann wieder zusätzlich dem Einflußfaktor der Exporte unterliegt. Abbildung 6 im Anhang zeigt ergänzend eine Zusammenfassung der Ursachen für die Zahlungsunfähigkeit eines Landes.

2.2.2 Politisches Länderrisiko

In der Literatur hat sich bislang keine eindeutige Definition des politischen Risikos durchgesetzt. CRAMER wählt eine sehr allgemeine Definition:

„Das politische Risiko beschreibt die Möglichkeit, daß ein Land bzw. seine Regierung aus politisch-ideologischen Überlegungen – auch trotz gegebener Zahlungsfähigkeit – die Bedienung und Tilgung von Auslandsschulden einstellt."[60]

Während also beim wirtschaftlichen Risiko die Gefahr besteht, daß ein souveräner Staat seinen Zahlungsverpflichtungen aufgrund eines Devisenmangels nicht mehr nachkommen kann, besteht die Gefahr beim politischen Risiko in einer politisch motivierten Zahlungs- bzw. Transferunwilligkeit eines Landes.[61] Ein Staat verweigert also – trotz Devisenverfügbarkeit – seine internationalen Verpflichtungen ganz oder teilweise.[62]

Das politische Risiko tritt vor allem im Zusammenhang mit der Kreditvergabe an Regierungen, Zentralbanken sowie an andere staatliche oder halbstaatliche Institutionen auf.[63] Dabei kann es den gesamten Kapitalverkehr mit dem Ausland betreffen oder aber nur eine politisch begründete Zahlungsverweigerung

---

[60]   CRAMER, M., Kreditgeschäft, 1981, S. 77.

[61]   Es muß jedoch berücksichtigt werden, daß schnell aus einer Zahlungsunwilligkeit in der Folge zusätzlich eine Zahlungsunfähigkeit erwachsen kann. Denn wenn ein souveräner Staat die Bedienung sämtlicher Auslandsverbindlichkeiten untersagt oder verweigert, so führt dies in der Wirtschaftspolitik schnell zu einer wirtschaftlichen Isolation des entsprechenden Landes. Die Folge ist, daß dringend benötigte Importe eines Landes ausbleiben. Darüber hinaus drosseln evtl. Sanktionen der Gläubiger zusätzlich die Exporte des Landes, und zudem bleiben Direktinvestitionen aus. Die Zahlungsunfähigkeit des Landes ist dann nur eine Frage der Zeit. Vgl. hierzu auch DWORAK, B., Länderrisiko, 1985, S. 91, vgl. auch JOHANNSEN, S.; STEINBECK, H., Länderrisikobeurteilung, 1995, S. 482.

[62]   Dies war z. B. nach der Machtübernahme durch Khomeini im Jahr 1978/79 im Iran der Fall, als der Staat die internationalen Auslandsverpflichtungen nicht anerkannte, weil deren Aufnahme in die Zeit der Schah-Regierung fiel. Vgl. hierzu MICALLEF, J., Risk, 1981, S. 123. Der historisch bedeutendste Fall jedoch ist die Repudiation der Auslandsschulden des zaristischen Rußlands nach der kommunistischen Revolution 1917/18.

[63]   Vgl. HIPLER, B., Wertberichtigungen, 1996, S. 10.

gegenüber einem bestimmten Land.[64] Bei der Erörterung des politischen Risikos erscheint eine Unterteilung in eine innen- und außenpolitische Komponente als sinnvoll. Es muß jedoch angemerkt werden, daß sich die politische Risikoanalyse einer rein rationalen Erfassung entzieht, da die politisch motivierte Zahlungsunwilligkeit eines Landes weitgehend willkürlich erfolgt.[65] Das politische Risiko ist folglich, im Gegensatz zum wirtschaftlichen Risiko, nur äußerst schwierig festzustellen bzw. zu prognostizieren, da kaum auf quantitativ meßbare Risikoindikatoren zurückgegriffen werden kann. Zudem haftet den Indikatoren und der Beurteilung ihrer Ausprägung häufig ein hohes Maß an Subjektivität an.[66] (Vgl. Anhang, Abbildung 7)

2.2.2.1 Innenpolitische Risikoindikatoren

Bei der Analyse des innenpolitischen Risikos ist vor allem die Stabilität der politischen Führung von großer Bedeutung. Die Regierungsform und die Frequenz der Regierungswechsel sind hier wichtige Indikatoren.[67] Bei der Analyse des politischen Systems deutet eine funktionsfähige Demokratie z. B. auf ein geringes politisches Risiko hin, während eine Diktatur innenpolitische Spannungen, die Unterdrückung und den Ausschluß politisch Andersdenkender vermuten läßt. Ausgebaute Machtpositionen des Militärs in einigen Ländern sowohl als Mittel zur Stabilisierung als auch zum Sturz von Regierungen dürfen dabei nicht unterschätzt werden.[68] Eng mit der politischen Führung ist die gesetzliche Ordnung eines Landes verbunden. Unter diesem Aspekt kann das Prinzip der Rechtsstaatlichkeit untersucht werden, das sich insbesondere in der Unabhängigkeit der Judikative von der Exekutive und in der Effizienz der Rechtsprechung ausprägt.[69] Neben der gesetzlichen Führung zählt außerdem die innere Ordnung zu den innenpolitischen Risikoindikatoren. Die innere Ordnung läßt

---

[64] Während des Falklandkrieges z. B. unterbrach Argentinien den gesamten Kapitalverkehr mit Großbritannien.

[65] Vgl. KLOSE, S., Asset-Management, 1996, S. 45.

[66] Vgl. BÜSCHGEN, H. E., Finanzmanagement 1997, S. 290.

[67] Vgl. RAFFEÉ, H.; KREUTZER, R., Ansätze, 1984, S. 47.

[68] Vgl. BREWER, T., Political Risk, 1985, S. 338 f., vgl. auch MOHR, E., Theory, 1991, S. 26.

[69] Vgl. KLOSE, S., Asset-Management, 1996, S. 46.

sich zum einen danach bewerten, ob andere als die offizielle politische Meinung geduldet werden und zum anderen, wie sie geäußert werden können.[70] Die sozialen Verhältnisse eines Landes komplettieren die Analyse der innenpolitischen Risiken. Dabei begünstigt eine hohe Inhomogenität in der Sozialstruktur das Krisenpotential eines Landes und somit das politische Länderrisiko. Spannungen, die auf großen Unterschieden in Sprache und Religion innerhalb einer Bevölkerung beruhen, können die Situation eskalieren lassen und schlimmstenfalls zu bürgerkriegsähnlichen Zuständen führen.[71] Bei der Überprüfung der sozialen Verhältnisse eines Landes wird u. a. untersucht, ob gesellschaftliche Minderheiten aufgrund ihrer Religion, Rasse oder Kultur diskriminiert werden und inwieweit sie am politischen Meinungsbildungsprozeß beteiligt sind.[72] Oftmals führen auch Faktoren wie eine ungleiche Einkommens- und Vermögensstruktur innerhalb eines Landes zu politischen Spannungen.[73]

2.2.2.2 Außenpolitische Risikoindikatoren

Die außenpolitischen Risikoindikatoren untersuchen die Beziehungen eines Landes zu seinen Nachbarländern. Neben dieser bilateralen Komponente werden aber auch dessen internationale Einbindung in wirtschaftliche, militärische und politische Bündnisse sowie die Positionierung zu den Weltmächten erörtert.[74] Länder, die in einem Spannungsfeld der Interessen der Weltmächte liegen, die darüber hinaus ihre eigene außenpolitische Sicherheit nicht herstellen können und die in dauerhaften ideologischen, politischen, religiösen oder historisch bedingten Konflikten mit ihren Nachbarstaaten stehen, gelten als besonders risikobehaftet.[75]

Es bleibt anzumerken, daß sich die Analyse der politischen Risikofaktoren wegen der Vielzahl interdependenter Verflechtungen als sehr komplex darstellt und daß dies deswegen in dieser Arbeit nur am Rande behandelt werden kann. Um einen Eindruck über die Komplexität der Wechselwirkungen des Länderrisikos

---

[70] Vgl. DWORAK, B., Länderrisiko, 1985, S. 94 f., vgl. auch BÜSCHGEN, H. E., Finanzmanagement, 1997, S. 291.

[71] Als Beispiele dienen insbesondere die Unruhen in Südafrika, Eritrea und Nordirland. Vgl. dazu STOCKNER, W., Bewertung, 1984, S. 90.

[72] Vgl. CLOES, R., Länderrisiko, 1988, S. 17.

[73] Vgl. MEYER, M., Beurteilung, 1987, S. 44 f.

[74] Vgl. BÜSCHGEN, H. E., Finanzmanagement, 1997, S. 292.

[75] Vgl. BALLEIS, S., Bedeutung, 1984, S. 121 f.

zu erhalten, ist im Anhang, in Abbildung 8 exemplarisch die Entwicklung des Länderrisikos für Brasilien im Zeitraum von 1979-1983 dargestellt.

2.2.3 Ländergruppenrisiko

Das Ländergruppenrisiko definiert sich als die Gefahr, *„daß mehrere Länder gleichzeitig, entweder aus wirtschaftlicher Notwendigkeit oder aus einer abgestimmten politischen Entscheidung heraus, ihre Schuldendienstzahlungen vorübergehend oder endgültig reduzieren oder einstellen. "*[76]

Bei diesem Risikobegriff handelt es sich um eine Kumulation wirtschaftlicher und politischer Länderrisiken mehrerer souveräner Staaten, d. h. daß mehrere Staaten innerhalb eines kurzen Zeitraumes ihre Zahlungsunfähigkeit erklären.[77]

Eine separate Betrachtung des Ländergruppenrisikos ist gerechtfertigt, da es eine entscheidende Rolle während der Asienkrise einnahm.[78] Theoretisch beinhaltet unter Diversifikationsgesichtspunkten ein breitgestreutes Länder-Kreditportfolio ein geringeres Risiko für Investoren als ein hoch konzentriertes Länderportfolio.[79] Je stärker die Entwicklung der Länder, z. B. die Deviseneinnahmen und der Devisenbedarf, miteinander korrelieren, um so größer wird das Ländergruppenrisiko.[80] Dadurch würde die bei der Kreditvergabe beabsichtigte Diversifikation ihre Wirkung verlieren und sich sogar ins Gegenteil umschlagen. Durch die internationalen Verflechtungen im Rahmen des Welthandels ist dieses Risiko in den vergangenen Jahren stetig gewachsen.[81]

---

[76] CRAMER, M., Kreditgeschäft, 1981, S. 85.

[77] Vgl. KLOSE, S., Asset Management, 1996, S. 48.

[78] Vgl. dazu Kapitel 5.2.

[79] Diese theoretische Aussage gilt jedoch nur unter der Prämisse, daß die Entwicklung der einzelnen Länderrisiken weitestgehend unabhängig voneinander verläuft. Vgl. dazu CRAMER, M., Kreditgeschäft, 1981, S. 85 f.

[80] Vgl. KLOSE, S., Asset-Management, 1996, S. 49.

[81] Als Beispiel für wirtschaftliche Ländergruppenrisiken können die nicht-ölexportierenden Entwicklungsländer, bevölkerungsreiche OPEC-Länder und – unter stärkerer Bedeutung der politischen Risikokomponente – die Staaten Zentral- und Osteuropas sowie einige mittel- und südamerikanische Länder herangezogen werden.

2.3 Probleme bei der Beurteilung von Länderrisiken

2.3.1 Informationsproblematik

Informationen sind eine Grundvoraussetzung zur systematischen Analyse von Länderrisiken. Dabei dienen Informationen zur Unterstützung und Absicherung der Entscheidungsfindung zwischen verschiedenen Alternativen der Kreditvergabe an ein Land.[82] Häufig zeichnen sie sich jedoch durch Unvollständigkeit, Unbestimmtheit und damit auch durch Unvollkommenheit aus.[83] In der Literatur wird bezüglich der Beurteilung von Länderrisiken zwischen einer objektiven und subjektiven Informationsproblematik unterschieden. [84]

Aufgrund des Mangels an genauen und aktuellen Daten geht es häufig bei der Beurteilung von Länderrisiken nicht um ein subjektives Informationsproblem, d. h. daß vorhandene Daten nicht richtig ausgewertet werden, sondern in erster Linie handelt es sich um ein objektives Informationsproblem im Sinne nicht vorhandener oder nicht zugänglicher Daten.[85] Es steht zwar neben den primären Informationen aus den einzelnen Ländern ein breites Spektrum von Berichten und Statistiken nationaler und internationaler Institutionen zur Verfügung, allerdings ist diese Datenverfügbarkeit abhängig von dem jeweiligen Entwicklungsstand eines Landes.[86] (Vgl. Anhang, Abbildung 9) Während in den Industriestaaten viele dieser o. g. Statistiken regelmäßig vorhanden sind, müssen für viele Entwicklungsländer aufgrund fehlender Informationen die Daten erst mühsam durch Auswertung verschiedener Publikationen von supranationalen Organisationen beschafft werden.[87] (Vgl. Anhang, Abbildung 10)

Neben der Datenverfügbarkeit ergeben sich vor allem bezüglich der Qualität der Daten Probleme. Um diesen Problemen bei der Bewertung von Länderrisiken entgegenzusteuern, sollten die Informationen die Kriterien der Vollständigkeit, Kompatibilität und Aktualität erfüllen.[88]

---

[82]   Vgl. RHEIN, W., Beurteilung, 1979, S. 15.

[83]   Vgl. RHEIN, W., Beurteilung, 1979, S. 13.

[84]   Vgl. BAXMANN, U., Länderrisiken, 1985, S. 94.

[85]   Vgl. CRAMER, M., Kreditgeschäft, 1981, S. 140, vgl. auch FUHRMANN, W., Länderrisiko, 1984, S. 136.

[86]   Vgl. HANER, F. T.; EWING, J. S., Country Risk, 1985, S. 57.

[87]   Vgl. BAXMANN, U., Länderrisiken, 1985, S. 94.

[88]   Vgl. CRAMER, M., Kreditgeschäft, 1981, S. 140 f., vgl. auch RHEIN, W., Beurteilung, 1979, S. 19.

Das Problem der Vollständigkeit wird dadurch ersichtlich, daß keine Organisation vollständige Informationen über die genaue Höhe der externen Verschuldung von Problemschuldnerländern bereitstellen kann.[89] Es können oftmals aufgrund qualitativ mangelhafter volkswirtschaftlicher Rechenwerke und technischer Erhebungsprobleme nur Schätzungen über ausstehende Auslandsverbindlichkeiten angestellt werden. Diese Schätzungen wiederum führen zu Ungenauigkeiten.[90]

Die Kompatibilität der statistischen Daten bildet das zweite Kriterium für die Qualität der Informationen. Differierende Abgrenzungen der Datenbegriffe, sowie unterschiedlich verwendete Währungs- bzw. Werteeinheiten oder variierende Dollarkonversionen sind keine Seltenheit und führen zu großen Schwierigkeiten bei der Datenaufbereitung.

Ein wichtiges Qualitätskriterium der Informationen ist die Aktualität. In diesem Zusammenhang spielt einerseits die Häufigkeit der Erscheinungsweise der Veröffentlichung und andererseits die nicht unwichtige Zeitverzögerung *(time-lag)* zwischen der Erfassung und der Veröffentlichung der Daten eine entscheidende Rolle.[91] Aufgrund bestehender *time-lags* reflektieren die Daten häufig nicht die aktuelle Situation.[92]

2.3.2 Prognoseproblematik

Die Prognose zukünftiger Ereignisse und Tatbestände ist zwangsläufig immer mit Unsicherheit behaftet. Dabei nimmt die Genauigkeit der Prognose mit zunehmender zeitlicher Entfernung vom Betrachtungszeitpunkt ab.[93] Das Ziel der Prognose von Länderrisiken ist eine möglichst genaue Einschätzung der zukünftigen Zahlungsfähigkeit und -willigkeit eines Landes zu erreichen.[94]

Dieses Ziel zu erreichen, ist jedoch mit enormen Anstrengungen verbunden. Überprüft man früher abgegebene Statements vom heutigen Kenntnisstand ausgehend, so werden die zahlreichen Fehleinschätzungen bezüglich einiger Länder

---

[89] Vgl. CALVERLEY, J., Country, 1985, S. 94.

[90] Vgl. MEYER, M., Beurteilung, 1987, S. 118.

[91] Vgl. DWORAK, B., Länderrisiko, 1985, S. 60 f.

[92] Die World Debt Tables der Weltbank z. B. besitzen eine Zeitverzögerung von bis zu 15 Monaten.

[93] Vgl. CRAMER, M., Kreditgeschäft, 1981, S. 143.

[94] Dies bildet einen wesentlichen Unterschied zur Unternehmensbeurteilung, da hier nur die Prognose der Zahlungsfähigkeit im Mittelpunkt der Untersuchung steht und nicht die Zahlungswilligkeit.

offenkundig.[95] Eine Konsequenz dieser Fehleinschätzungen könnte die daraus resultierende heutzutage verbreitete kritische Einstellung gegenüber wissenschaftlicher Prognoseansätze von Länderrisiken sein. Insbesondere wird in der Literatur häufig die Prognostizierbarkeit der politischen Risikokomponenten negiert.[96] Trotzdem werden Länderrisikoprognosen benötigt und sind – unter Inkaufnahme damit verbundener Probleme – zu erstellen.[97] Damit eine Prognoseoptimierung erzielt werden kann, findet man in der Literatur verschiedene Modelle, wie beispielsweise das Modell einer partiellen Länderrisikoprognose.[98]

„Leaving aside those factors that are virtually impossible to forecast accurately (such as political developments or changes in attitudes and perceptions), let us look at the more narrow economic considerations involved."[99]

Allerdings wäre dieses Vorgehen nur vertretbar, wenn der Eintritt von Länderrisiken allein über die wirtschaftliche Risikokomponente mit genauer Treffsicherheit prognostiziert werden könnte. Bisher jedoch ist ein solch vollkommen zufriedenstellendes Prognosesystem nicht vorhanden. Das Auftreten der Verschuldungsproblematik im Jahre 1982 und die Asienkrise im Jahre 1997 sind u. a. vor dem Hintergrund dieser inhärenten Prognoseineffizienzen der Beurteilungssysteme zu sehen. Gerade im Zusammenhang mit der Asienkrise wurde den professionellen Agenturen bei der Prognose von Länderrisiken Fehleinschätzungen und vor allem zu späte Erkenntnisse vorgeworfen. Deshalb sind Verbesserungen und Erweiterungen bestehender Prognoseansätze unbedingt erforderlich, damit in Zukunft globale Wirtschaftskrisen frühzeitig erkannt und entsprechende Abwehrmaßnahmen ergriffen werden können. Kapitel 5 der Arbeit wendet sich dieser Thematik zu.

2.4 Konsequenzen aus dem Eintritt des Länderrisikos

Wenn die Devisenreserven eines Schuldnerlandes die ausstehenden Zahlungen für die notwendigen Importe und die fälligen Schuldnerrückzahlungen nicht begleichen können, d. h. wenn Zahlungsunfähigkeit vorliegt und / oder wenn ein

---

[95] Vgl. FRIEDMAN, I., View, 1980, S. 13 f., vgl. auch EUROMONEY, State, 1992, S. 62.
[96] Vgl. RADCLIFFE, J., Way, 1980, S. 147 f.
[97] Vgl. BAXMANN, U., Länderrisiken, 1985, S. 124.
[98] Modelle wie die Trendextrapolation und die subjektiv-intuitive Prognose sind heute nur noch von bedingter Relevanz.
[99] NOWZAD, B., Limits, 1983, S. 25.

Schuldnerland zahlungsunwillig ist, dann sind die jeweiligen Gläubiger meistens gezwungen, dem Schuldnerland eine Schuldenentlastung *(debt relief)* zu gewähren.[100] Zur Verminderung der Konsequenzen aus dem Eintritt des Länderrisikos sind folgende Formen der Schuldenentlastung möglich.[101]

ABBILDUNG 1: ÜBERSICHT ÜBER FORMEN DER SCHULDENENTLASTUNG

QUELLE: IN ANLEHNUNG AN DWORAK, B., LÄNDERRISIKO, 1985, S. 104

(1) Zahlungseinstellung *(default)*

Hierunter versteht man die vom Schuldnerland initiierte Einstellung jedweder Kreditrückzahlung infolge von Zahlungsunfähigkeit.[102] In der Literatur wird dabei unterschieden zwischen

- einer Nichtanerkennung der gesamten Restschuld *(repudiation)* im Falle einer permanenten Einstellung aller Schuldendienstleistungen durch das Schuldnerland.[103] Die gesamte Forderung inklusive Zinsen geht für den Gläubiger verloren. Da jedoch von dem Grundsatz ausgegangen wird, daß

---

[100] Vgl. ANGELINI, A. ET AL., Risk, 1979, S. 140.

[101] Vgl. DWORAK, B., Länderrisiko, 1985, S. 104.

[102] Vgl. BEERS, D., Sovereign Default, 1999, S. 10.

[103] Vgl. BÄCKER, A., Länderrisiken, 1998, S. 27.

souveräne Staaten im Gegensatz zu einem Unternehmen aufgrund totaler Zahlungsunfähigkeit nicht aufhören zu existieren, tritt ein Gesamtausfall nur in äußerst seltenen Fällen auf und es besteht die Möglichkeit, einen Teil der Forderung zu einem späteren Zeitpunkt zu erhalten.[104] Außerdem kommt eine solche Zahlungsverweigerung nur sehr selten vor, da dieses Verhalten automatisch eine vollständige Einstellung der Kreditgewährung an das betroffene Schuldnerland zur Folge hätte.[105]

- und einem Moratorium *(moratorium)* als einer temporären Zahlungseinstellung *(suspension)* durch ein Schuldnerland.[106] Dabei wird dem jeweiligen Land ein Zahlungsaufschub gewährt, bei dem die Zins- und Tilgungszahlungen (Annuität) gestundet werden und erst zu einem späteren Zeitpunkt fällig werden. In der Regel kommt es in diesem Fall zu einer Einigung zwischen Gläubigern und Schuldnern in Form eines Umschuldungspakets. Hierzu können tilgungsfreie Perioden *(grace periods)*, neue Darlehen *(fresh money)*, aber auch die Reduzierung vereinbarter Zinssätze ausgehandelt werden.[107] Die Umschuldungspakete finden häufig unter Mitwirkung supranationaler Institutionen wie dem IWF oder der Weltbank statt.[108]

(2) Restrukturierung des Rückzahlungsvolumens *(restructuring)*

Zu einer Restrukturierung des Rückzahlungsvolumens eines Landes kommt es normalerweise auf Antrag des Schuldnerlandes aufgrund von wirtschaftlichen Schwierigkeiten.[109] Das Ziel der Restrukturierung ist die Wiederherstellung der Solvenz des Schuldnerlandes durch entgegenkommende Maßnahmen der Gläubiger. Dabei sieht die Restrukturierung der Schuldendienstzahlungen folgende Möglichkeiten vor:

- Verlängerung der Kreditlaufzeit mit insgesamt unverändertem Kapitalanteil des Kredits.[110] Hierbei wird von einer Umschuldung *(rescheduling)* gesprochen, wenn die Verlängerung der Kreditlaufzeit ausschließlich deshalb erfolgt, damit die Höhe der während der gesamten Laufzeit kontinuierlich zu

---

[104] Vgl. DWORAK, B., Länderrisiko, 1985, S. 101.

[105] Vgl. BÜSCHGEN, H. E., Finanzmanagement, 1997, S. 292 f.

[106] Vgl. NAGY, P., Country Risk, 1979, S. 14 f.

[107] Vgl. BÜSCHGEN, H. E., Risikomanagement, 1992, S. 81.

[108] Vgl. STOCKNER, W., Bewertung, 1984, S. 45.

[109] Vgl. DWORAK, B., Länderrisiko, 1985, S. 102.

[110] Vgl. EATON, J.; GERSOWITZ, M., Country Risk, 1983, S. 83.

leistenden Annuität reduziert wird.[111] Dagegen handelt es sich um ein Moratorium, wenn zu Beginn der Kreditlaufzeit ein tilgungsfreier Zeitraum *(grace period)* gewährt wird.[112]

- Neuerliche Verhandlungen *(renegotiation)* der Kreditkonditionen. Während dieser Verhandlungen werden die Konditionen so adjustiert, daß zwar die eigentliche Kreditlaufzeit unverändert bleibt, es jedoch hierbei zu einem Teilausfall der Restschuld kommt.[113] Entweder verzichtet der Gläubiger notgedrungenermaßen „freiwillig" auf einen Teil der Rückzahlung[114] oder er reduziert den Zinssatz, was für den Gläubiger dann „lediglich" einen Renditeentgang bedeutet.

Neben diesen dargestellten Formen der Schuldenentlastung kommt es jedoch auch in einigen Fällen auf Initiative des Gläubigers zu einer Neugestaltung der Schuldenrückzahlung eines Landes *(rearrangement)*.[115] Meist wird sie eingeleitet, wenn mit einem zukünftigen Kreditrückzahlungsausfall zu rechnen ist. Dabei werden neben umfassenden Stabilisierungsmaßnahmen auch Kreditlaufzeiten und -konditionen für das Schuldnerland günstiger gestaltet.[116]

---

[111] In diesem Zusammenhang wird von einer *consolidation* gesprochen, wenn ein öffentlicher Kreditnehmer betroffen ist.

[112] Vgl. DWORAK, B., Länderrisiko, 1985, S. 102.

[113] Vgl. MEYER, M., Beurteilung, 1987, S. 22 f.

[114] Was sowohl einen Zins- als auch einen Kapitalverlust für den Gläubiger bedeutet.

[115] Vgl. NAGY, P., Country Risk, 1979, S. 14.

[116] Vgl. RASMUSEN, E., Strategy, 1992, S. 161.

3. KONVENTIONELLE VERFAHREN UND METHODEN ZUR BEURTEILUNG VON LÄNDERRISIKEN UND KOMMERZIELLE ANBIETER VON LÄNDERRATINGS

3.1 Systematisierung der Verfahren zur Beurteilung von Länderrisiken

3.1.1 Anforderungen an die Verfahren

Die wesentliche Aufgabe bei der Beurteilung des Länderrisikos besteht darin, die vorhandenen Risiken eines Landes möglichst exakt und vollständig abzubilden.

Um die Höhe des Länderrisikos zu bestimmen, sind in der Vergangenheit eine Vielzahl von Beurteilungsansätzen entwickelt worden. Für praktikable Verfahren sollten dabei die Indikatoren im Idealfall sowohl objektivierbar als auch quantifizierbar sein. Ferner sollte das Verfahren als operatives Instrument genutzt werden können, indem es sich auf wenige, international vergleichbare und leicht verfügbare Indikatoren mit aktuell zu ermittelnden Werten beschränkt. Dadurch wäre das Verfahren flexibel und anpassungsfähig bezüglich der Indikatorrelevanz und nachträglichen Änderungen. Allerdings läßt sich in der Praxis ein solches Idealverfahren nicht finden.

Im folgenden sollen die gängigen Verfahrensansätze dargestellt werden, um einen systematischen Überblick über die Möglichkeiten zur Beurteilung von Länderrisiken zu erlangen.[117]

3.1.2 Qualitative Verfahren

3.1.2.1 Unstrukturiert qualitative Verfahren

Die unstrukturiert qualitativen Analyseverfahren haben die Form von Länderberichten und beabsichtigen, in narrativer Form dem Entscheidungsträger die risikopolitische Situation eines Landes zu verdeutlichen.[118] Diese Verfahren basie-

---

[117] Es bleibt anzumerken, daß in der Literatur eine konsistente und vollständige Strukturierung der Verfahren fehlt. Im folgenden soll deshalb versucht werden, eine theoretische Abgrenzung der Verfahren zur Beurteilung von Länderrisiken vorzunehmen.

[118] Vgl. RAWKINS, P., Analytics, 1992, S. 29.

ren auf verbalen Beurteilungen der vergangenen, gegenwärtigen und zukünftigen Entwicklung eines Landes, wobei sie insgesamt jedoch eher einen retrospektiven als vorausschauenden Charakter aufweisen.[119] Ein Länderbericht sollte Einzelheiten der wirtschaftlichen, politischen und sozialen Lage eines Landes enthalten. Eine Schematisierung enthalten die Länderberichte nur in Grundzügen, so daß für die verschiedenen Länder die Länderberichte in Tiefe und Bandbreite der Analyse variieren.[120] Der Länderbericht berücksichtigt somit spezifische Merkmale eines Landes und setzt für jedes Land einen anderen Beurteilungsschwerpunkt. Dieser individuelle Charakter der Länderberichte führt allerdings zu einer mangelhaften Vergleichbarkeit der Berichte für unterschiedliche Länder, und die deskriptive Form der Länderrisikoanalyse ermöglicht nur einen groben Einblick in das wirtschaftliche und politische Umfeld eines Landes.[121] Deshalb können die Länderberichte nicht als alleinige Entscheidungsgrundlage, sondern additiv als supplementäre Informationsquelle zu anderen Analyseverfahren eingesetzt werden.

3.1.2.2 Strukturiert qualitative Verfahren

Im Gegensatz zu den unstrukturiert qualitativen Verfahren verwenden die strukturiert qualitativen Analyseverfahren standardisierte Schemata und weisen dadurch eine bessere, aber immer noch begrenzte Vergleichbarkeit der Länder, sowohl im internationalen Ländervergleich als auch über den Zeitverlauf bei einem Land, auf. (Vgl. Anhang, Abbildungen 11 und 12) Das standardisierte Schema besteht darin, daß einerseits die äußere Form des Länderberichtes und andererseits ein vorgegebenes Mindestmaß an Informationen über die jeweiligen Determinanten des Länderrisikos festgelegt werden.[122] Häufig wird diesen Länderberichten auch verbal analysiertes statistisches Datenmaterial hinzugefügt. Aufgrund dieser Statistiken lassen sich dann neben retrospektiven Trendanalysen auch Erwartungswerte abschätzen.[123] Ferner kann mittels eines später durchgeführten Soll-Ist-Vergleiches die Zutrefflichkeit der eigenen Prognose ermittelt werden.[124]

---

[119] Vgl. SOLBERG, R., Sovereign Rescheduling, 1988, S. 53.

[120] Vgl. BÜSCHGEN, H. E., Bankbetriebslehre, 1998, S. 988.

[121] Vgl. BACKHAUS, K.; MEYER, M., Ansätze, 1986, S. 44.

[122] Vgl. SOLBERG, R., Sovereign Rescheduling, 1988, S. 54.

[123] Vgl. STOCKNER, W., Bewertung, 1984, S. 136 f.

[124] Vgl. BÜSCHGEN, H. E., Finanzmanagement, 1997, S. 295.

Wesentlicher Nachteil der qualitativen Verfahren ist die Subjektivität, denn ausschlaggebend für die Qualität der Länderrisikobeurteilung sind neben dem Informationsstand und den Erfahrungen des jeweiligen beurteilenden Analysten auch seine analytischen und prognostischen Fähigkeiten.[125] Aufgrund dieser Subjektivität wäre es theoretisch denkbar, daß bei Vorliegen derselben Risikosituation, das von zwei Ökonomen unabhängig voneinander analysierte Risikopotential desselben Landes unterschiedlich hoch eingeschätzt wird, da sich die Beurteilung des Länderrisikos nicht über eine subjektiv nachvollziehbare Einzelbewertung und Verknüpfung von Indikatoren vollzieht.[126] Darüber hinaus verhindert die fehlende Quantifizierung auch eine Ordinalisierung, da die verbalen Berichte keine Risikoklassen-Zuweisung erlauben.[127]

Zusammenfassend läßt sich feststellen, daß sich qualitative Verfahren nur als globales Länderbonitäts-Barometer einordnen lassen, das nur einfachen Ländervergleichen den Weg ebnet und sich lediglich als Vorauswahlkriterium und als Ergänzung zu weiteren Analyseverfahren eignet.[128]

3.1.3 Quantitative Verfahren

3.1.3.1 Scoring-Modelle (Ratings)

Scoring-Modelle bzw. Ratings versuchen im Gegensatz zu den qualitativen Verfahren anhand verschiedener Indikatoren das vorhandene Risikopotential in einer einzigen Kennzahl, dem *score* oder der Rating-Kennziffer, auszudrücken.[129] Die Ableitung der Risikokennzahl kommt einer Benotung gleich, der potentielle Schuldner wird entsprechend seiner Bonität klassifiziert.[130] Deshalb werden diese Beurteilungssysteme auch als Länderrating-Verfahren bezeichnet. Es ist zu beachten, daß in der Literatur häufig alle Länderbeurteilungsmethoden als Rating-Verfahren bezeichnet werden, da stets das Ziel der Einschätzung verfolgt wird. In dieser Arbeit wird diese Begriffswahl nicht vertreten, sondern es werden nur speziell Scoring-Modelle als Rating bezeichnet, die das Ziel der Klassifizierung von Ländern in eine Rangfolge ihrer relativen Kreditwürdigkeit mit

---

[125] Vgl. DWORAK, B., Länderrisiko, 1985, S. 107.

[126] Vgl. CIARRAPICO, A., Country Risk, 1992, S. 8.

[127] Vgl. RAWKINS, P., Analytics, 1992, S. 29 ff.

[128] Vgl. KLOSE, S., Asset-Management, 1996, S. 115.

[129] Vgl. LICHTLEN, M., Management, 1997, S. 66.

[130] Vgl. SAUNDERS, A., Credit Risk, 1999, S. 15 f.

der Möglichkeit der ordinalen Vergleichbarkeit verfolgen.[131] Der Ausdruck Rating stammt ursprünglich aus dem anglo-amerikanischen Sprachraum.[132] Ganz allgemein bedeutet Rating die Beurteilung eines Untersuchungsobjektes durch Zuteilung definierter Zeichen.[133] Dabei werden die Untersuchungsobjekte hinsichtlich einer bestimmten Zielsetzung in eine ordinale Reihenfolge gebracht.[134]

„Ein Rating ist eine durch ein Symbol oder eine semantische Verkettung von Zeichen einer festgelegten Skala ausgedrückte Meinung einer auf Bonitätsanalysen spezialisierten Agentur über die wirtschaftliche Fähigkeit und die rechtliche Bindung eines Schuldners, alle zwingend fälligen Zahlungsverpflichtungen (oder die mit einem bestimmten Finanztitel verbundenen zwingend fälligen Zahlungsverpflichtungen) vollständig und rechtzeitig zu erfüllen. "[135]

Mit dem Begriff des Ratings kann dabei sowohl der Vorgang der Bewertung als auch deren Ergebnis, nämlich die zugeordnete Note bezeichnet werden. Wichtiges Charakteristikum des Ratings ist, daß ein Rating kein absolutes und finales Urteil ist, sondern nur den Rating-Interessenten durch die Einordnung in Klassen Anhaltspunkte und Entscheidungshilfen bieten soll. Eine Maßzahl des Risikos wird nicht genannt. Es erfolgt nur eine Einschätzung der Rating-Agentur, ob der beurteilte Finanztitel riskanter oder weniger riskant ist als andere Titel. Ratings sind in der Praxis der Länderrisikoanalyse die am häufigsten eingesetzten Verfahren. Im Gegensatz zu den qualitativen Verfahren ist die Beurteilung nicht das Ergebnis aus dem Gesamteindruck sämtlicher Indikatoren, sondern das Gesamturteil setzt sich vielmehr aus einer differenzierten und transparenten Einzelbewertung der einzelnen Risikoindikatoren zusammen.[136] Die Vorgehensweise bei den quantitativen Verfahren ist charakterisiert durch einen einheitlichen, systematischen und intersubjektiv nachvollziehbaren Urteilsfindungsprozeß. Auf diese Weise nehmen diese Verfahren die bereits bei den strukturiert qualitativen Länderberichten schwach vorhandene Tendenz zu noch mehr Transparenz in der Evaluation weiter auf. Die Risikokennzahlen sind bei transparenter Entstehung

---

[131] Vgl. KRÄMER-EIS, H., Evaluierung, o. Jg., S. 26, vgl. hierzu auch MEHLTRETTER, T., Frühwarnsysteme, 1990, S. 49 f.
[132] Vgl. SÖNNICHSEN, C., Ratingsysteme, 1996, S. 430.
[133] Vgl. TOMAN, M., Rating, 1993, S. 22.
[134] Vgl. Serfling, K.; Badack, E.; Jeiter, V., Möglichkeiten, 1996, S. 632 f.
[135] SCHULZ, J., Ratings, 1996, S. 1070.
[136] Vgl. CIARRAPICO, A., Country Risk, 1992, S. 11.

leicht nachvollziehbar.[137] Im Rahmen der Rating-Verfahren werden neben den quantitativen Kriterien z. T. auch qualitative – z. B. in Form sozio-politischer Parameter – eingesetzt. Durch die Integration qualitativer Faktoren werden die Einschätzungsmöglichkeiten der Rahmenbedingungen verbessert.[138]

Zu den wesentlichen Kritikpunkten bei den Rating-Verfahren zählt speziell die Gewichtungsproblematik bei der Auswahl der Risikodeterminanten sowie deren Einschätzung der Wahrscheinlichkeit, da diese nach subjektiven Kriterien erfolgt und stark von der Kompetenz der Analysten abhängt.[139] Diese Gewichtungsproblematik beruht darauf, daß es keine statistisch gesicherten Erkenntnisse über die Auswirkungen der einzelnen Risikodeterminanten auf das Gesamtrisiko gibt. Genau aus diesem Grund wird vielfach behauptet, daß die quantitativen Verfahren nur den Anschein der Objektivität erweckten, denn letztendlich seien sie einer ebenso subjektiven Einschätzung der Risikokomponenten ausgesetzt wie die qualitativen Verfahren. (Zur Qualität der Ratings siehe Kapitel 3.3.1.2)

3.1.3.2 Makroökonomische Verfahren

Makroökonomische Verfahren untersuchen makroökonomische Krisensituationen und zielen auf die Prognose von Zahlungsbilanzproblemen ab.[140] Dabei unterscheidet man zwischen *one-gap-* und *two-gap-*Modellen, die Zahlungsbilanzströme und Kreditwürdigkeitsindikatoren kombinieren und projizieren. *One-gap-*Modelle[141] basieren auf der Prämisse, daß bei nicht ausreichender Spartätigkeit einer Volkswirtschaft die Investitions-Sparlücke durch einen Importüberschuß, sprich Kapitalimport, geschlossen werden kann. Entscheidender Ansatz des Modells ist, daß das betreffende Land, den zur Erlangung der Investitionsgüter notwendigen Konsumverzicht nicht selbst erbringt, sondern durch Rückgriff auf die Ersparnisse eines anderen Landes (Kapitalexport) tätigt. Dazu wird zwischen Wachstum und Investitionen eine Verbindung durch den marginalen Kapitalkoeffizienten hergestellt, wobei ex-ante eine gewünschte Zielwachstums-

---

[137] Vgl. EVERTZ, D., Länderrisikoanalyse, 1992, S. 32 f.

[138] Vgl. BÄCKER, A., Länderrisiken, 1998, S. 18.

[139] Vgl. NAGY, P., Country Risk, 1984, S. 130, vgl. auch DWORAK, B., Länderrisiko, 1985, S. 109, vgl. auch EVERTZ, D., Länderrisikoanalyse, 1992, S. 33.

[140] Vgl. KRÄMER-EIS, H., Evaluierung, o. Jg., S. 31.

[141] *One-gap-*Modelle reduzieren sich auf die Ermittlung einer Sparlücke und werden deshalb auch als *savings-gap-*Modelle bezeichnet.

rate festgelegt wird.[142] Danach wird mit Hilfe eines geschätzten Kapitalkoeffizienten das für die Zielerreichung notwendige Investitionsvolumen ermittelt. Da aber weder das Sparvolumen noch der Kapitalkoeffizient im Zeitablauf konstant sind, führt dies zu Problemen bei der Schätzung. Ein weiteres Problem besteht darin, daß die Annahme der vollständigen Verwendung des Auslandskredites zu Investitionszwecken nicht der Realität entspricht, da viele Entwicklungsländer mit Schuldendienstproblemen Kredite häufig konsumtiv verwenden.[143]

Two-gap-Modelle beabsichtigen anhand der Ermittlung einer Devisenlücke den zukünftigen Kapitalbedarf eines Landes zu prognostizieren. Das bekannteste *two-gap*-Modell ist das *Revised Minimum Standard Modell (RMSM)*[144] der Weltbank. Dieses Modell ermittelt den Finanzbedarf, der für den Zahlungsbilanzausgleich eines Landes notwendig ist. Die Devisenlücke[145] leitet sich aus der Ermittlung der Export-Import-Lücke und der Investitions-Sparlücke ab. Der Unterschied zu den *one-gap*-Modellen besteht darin, daß Wachstum und Kapitalkoeffizient als ex-post Größen betrachtet werden. Zusammenfassend läßt sich festhalten, daß makroökonomische Verfahren in erster Linie der Ermittlung von Bedarfen und weniger der Beurteilung der Schuldendienstfähigkeit oder von Verschuldungsgrenzen eines Landes dienen.

3.1.3.3 Ökonometrische Verfahren

Ökonometrische Verfahren, auch mathematisch-statistische Verfahren genannt, versuchen mittels statistischer Methoden durch Identifikation bestimmter Parameterkombinationen zukünftige Zahlungsunfähigkeiten von Schuldnerländern zu prognostizieren.[146] Dabei sollen die Indikatoren der Verfahren die Kriterien der Eindeutigkeit, Frühzeitigkeit, Vollständigkeit, rechtzeitiger Verfügbarkeit und ökonomischer Vertretbarkeit als Anforderungen erfüllen.[147] Bei den öko-

---

[142] Vgl. CLOES, R., Länderrisiko, 1988, S. 224.

[143] Vgl. EVERTZ, D., Länderrisikoanalyse, 1992, S. 38.

[144] Insgesamt zeichnen sich die *gap*-Modelle durch einen hohen Komplexitätsgrad und Analyseaufwand aus. Das *RMSM*-Modell basiert auf ca. 300 makroökonomischen Variablen.

[145] Devisenüberschuß bzw. Devisenfehlbetrag.

[146] Vgl. KRÄMER-EIS, H., Evaluierung, o. Jg., S. 29 f., vgl. auch STOCKNER, W., Bewertung, 1984a, S. 983.

[147] Vgl. RHEIN, W. v., Beurteilung, 1979, S. 137.

nometrischen Verfahren handelt es sich im wesentlichen um Diskriminanz-, Logit- oder Faktorenanalysen.[148]

3.2 Beitrag der Principal-Agent-Theorie zur Erklärung der Notwendigkeit von Rating-Anbietern

Bevor im nächsten Kapitel intensiv über die kommerziellen Anbieter von Länderratings diskutiert wird, soll in diesem Kapitel anhand der Principal-Agent-Theorie erklärt werden, weshalb kommerzielle Rating-Anbieter überhaupt sinnvoll sind und welchen gesamtwirtschaftlichen Nutzen sie bringen.

Wenn das Rating als Möglichkeit zur Lösung von real existierenden Problemen herangezogen werden soll, so muß man zuvor diese Probleme mit einem geeigneten theoretischen Ansatz beschreiben können. Dazu bietet sich die neoinstitutionalistische Finanzierungstheorie an, die berücksichtigt, daß finanzielle Transaktionen nicht immer reibungslos ablaufen, sondern Kosten verursachen, die durch die Wahl einer bestimmten Ausgestaltung der Transaktion beeinflußbar sind.[149] Zu dem neoinstitutionalistischen Ansatz zählt vor allem die Agency-Theorie.[150] Dieser Ansatz soll im folgenden eine Erklärung für die Notwendigkeit von kommerziellen Rating-Anbietern liefern, da er die Kosten analysiert, welche durch die Existenz von Informationsasymmetrien, Unsicherheit und durch die Möglichkeit zu opportunistischem Verhalten der Marktpartner entstehen.[151] Dazu werden im folgenden zuerst kurz die Merkmale der Principal-Agent-Theorie aufgeführt.

3.2.1 Merkmale der Principal-Agent-Theorie

Principal-Agent-Beziehungen lassen sich im wesentlichen durch drei Aspekte charakterisieren, durch die Agency-Probleme erst entstehen:

- Informationsasymmetrie,

- Interessendivergenz und *moral-hazard*,

---

[148] Für eine detaillierte Betrachtung vgl. BÜSCHGEN, H. E., Finanzmanagement, 1997, S. 298 f., vgl. auch MEHLTRETTER, T., Frühwarnsysteme, 1990, S. 51, vgl. auch KLEIN, M.; BÄCKER, A., Bonitätsprüfung, 1995, S. 191 ff.

[149] Vgl. STEINER, M.; HEINKE, V., Rating, 1996, S. 607.

[150] Zum Transaktionskostenansatz und der Property-Rights-Theorie vgl. PERRIDON, L.; STEINER, M., Finanzwirtschaft, 1995, S. 485 ff.

[151] Vgl. STEINER, M.; HEINKE, V., Rating, 1996, S. 607.

▪ Unsicherheit.

Die Beziehung zwischen dem Fremdkapitalgeber (Principal) und dem Fremdka-
pitalnehmer (Agent) ist durch eine asymmetrische Informationsverteilung sowohl vor als auch nach Beginn der Vertragsbeziehung gekennzeichnet. Während
vor Beginn der Vertragsbeziehung das Problem der *hidden information* besteht,
welches aus Informationsvorsprüngen des Agenten gegenüber dem Principal
resultiert, wird nach dem Eingehen der Vertragsbeziehung die asymmetrische
Informationsverteilung zusätzlich noch durch das Problem der *hidden action*
verstärkt, welches sich aus der fehlenden Beobachtbarkeit der Handlungen des
Agenten ergibt.[152] Auf diese Weise entstehen für den Agenten Freiräume für ei-
gennütziges Handeln, das die Vermögensposition des Principals verschlechtern
kann *(moral-hazard)*.[153]

3.2.2 Die Konsequenz aus dem Agency-Problem: *Adverse-Selection* und Marktversagen des Kreditmarktes

Die Marktunsicherheit bei der Analyse der Kreditwürdigkeit eines potentiellen
Schuldnerlandes besteht in der Unsicherheit über die tatsächliche Bonität der
Länder. Der Wert des auf dem Markt gehandelten Gutes „Kredit" hängt stark
von der Qualität des Kreditnehmers ab. Folglich muß die Qualitätsunsicherheit
näher untersucht werden. Pionierarbeit in der Untersuchung von Qualitätsunsi-
cherheiten hat 1970 AKERLOF mit seinem Artikel *„The market for „lemons":
quality uncertainty and the market mechanism"* geleistet.[154] Wenn das Akerlof-
Modell auf den internationalen Kreditmarkt übertragen werden soll, so muß von
einer Kreditklasse ausgegangen (z. B. Kredite an Entwicklungsländer) werden,
in der eine Vielzahl von risikoarmen bis risikoreichen Staaten enthalten sind.
Länder, die ein höheres Risiko aufweisen, werden bei gegebenem Zins eine höhere Kreditnachfrage haben als risikoärmere Länder. Der Kreditgeber kann allerdings nur die durchschnittliche Qualität der kreditnachfragenden Länder, die
hier dem durchschnittlichen Kreditausfallrisiko entspricht, bestimmen und folglich wird das Preisniveau anhand der geschätzten Kreditnachfragefunktion fest-

---

[152] Vgl. ARROW, K., Agency Problems, 1985, S. 39 ff.

[153] Vgl. STRONG, N.; WALKER, M., Information, 1987, S. 176, vgl. hierzu auch EATON, J. ET
AL., Theory, 1986, S. 485.

[154] Vgl. AKERLOF, G., Market, 1970, S. 488 ff. AKERLOF geht in seiner Arbeit von einem
kompetitiven Gebrauchtwagenmarkt aus, auf dem die Nachfrager schlechter über die mo-
netär erfaßbare heterogene Qualität der angebotenen Fahrzeuge informiert sind als die
Anbieter.

gelegt. Aufgrund der unvollkommenen Information ist es dem Kreditgeber nicht möglich, eine Preisdifferenzierung in Form von gestaffelten Zinsen je Risikograd vorzunehmen.[155] Die Folge ist, daß diese Durchschnittswerte für Kreditnachfrager mit hohem Risiko attraktiv sind, hingegen für Kreditnachfrager mit niedrigen Risiken nicht. In Abbildung 2 sind die durchschnittlichen Kreditangebotsfunktionen (K_s^{A0} bzw. K_s^{A1}) und die Kreditnachfragefunktionen (K_d^{N0} und K_d^{N1}) graphisch dargestellt.

ABBILDUNG 2: KREDITMARKTSTRUKTUR

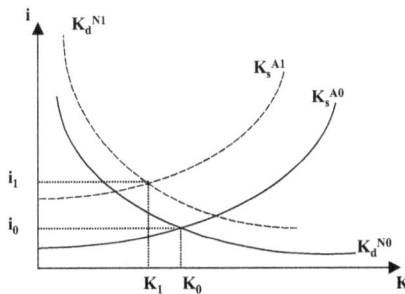

QUELLE: KRÄMER-EIS, H., LÄNDERRISIKEN, O. JG., S. 9

Bei einem Gleichgewichtszins von i_0 werden durchschnittlich K_0 Kredite nachgefragt. Für einige Länder mit geringen Kreditrisiken kann dieser Zins nun unvorteilhaft hoch festgesetzt sein, so daß diese sich vom Markt zurückziehen[156] und gegebenenfalls auf günstigere Finanzierungsquellen zurückgreifen werden. Aufgrund der Marktaustritte verschiebt sich die Nachfragekurve nach rechts, da risikoreiche potentielle Schuldnerländer höhere Kredite nachfragen. Die Kreditgeber verknappen daraufhin ihr Kreditangebot als Reaktion auf risikoreichere Rückzahlungsfunktionen, die Angebotsfunktion verschiebt sich also nach links. Die durchschnittlichen Kreditnachfrage- und angebotsfunktionen verändern sich zu K_s^{A1} und K_d^{N1} bei einem höheren Zins von i_1, der sich als Konsequenz aus dem reduzierten Qualitätsniveau der Schuldner ergibt. Die durchschnittliche

---

[155] Vgl. NAHR, G., Kreditrationierung, 1980, S. 308 f.

[156] Dabei wird „sich vom Markt zurückziehen" als die einzige im Modell angenommene Reaktionsmöglichkeit betrachtet.

Qualität am Markt sinkt und das durchschnittliche Ausfallrisiko steigt. Aufgrund der asymmetrischen Informationsverteilung kann der Kreditgeber nicht die guten von den schlechten Qualitäten trennen, so daß der Markt durch diese adverse Selektion versagt.[157] Diese Negativauslese kann nur aufgehalten werden, wenn es gelingt, durch unterschiedliche Maßnahmen der Informationsübertragung den Markt in „gute" und „schlechte" Kapitalnehmer zu separieren. Hierzu können die im nächsten Kapitel vorgestellten Maßnahmen und Lösungsansätze beitragen.

3.2.3 Rating als Instrument zur Reduzierung von Agency-Problemen

Wie gezeigt wurde, ist der Markt – in einer durch asymmetrische Informationsverteilung, Interessendivergenzen und Unsicherheit gekennzeichneten Situation – mit seinem neoklassischen Koordinationsmechanismus über den Preis nicht mehr geeignet, eine effiziente Allokation der Ressourcen zu gewährleisten.[158] Hier müssen Maßnahmen und Lösungsansätze helfen, Kapitalnehmer daran zu hindern, einen Informationsvorsprung zum Nachteil weniger gut informierter Kapitalgeber auszunutzen. Dazu bieten sich folgende Ansätze an:

- Reduzierung der vorhandenen Informationsasymmetrien,

- Schaffung von Anreizsystemen, die eine Nutzenmaximierung des Agenten nur bei einer gleichzeitigen Nutzenmaximierung des Principals erlauben,

- Einschränkung der Schädigungsmöglichkeiten, indem vor allem Überwachungssysteme mit Sanktionsmechanismen geschaffen werden.[159]

Wenn mit Hilfe des Ratings diese Ansätze realisiert werden können, dann würde dies eine Erklärung für die Notwendigkeit von kommerziellen Rating-Anbietern liefern. Deshalb muß zunächst die Frage beantwortet werden, ob Rating die Informationsasymmetrie reduzieren kann. Hierzu analysierte WAGNER ausführlich die Auswirkungen eines Ratings auf die Informationsverteilung bei den Kapitalmarktteilnehmern.[160] WAGNER ermittelte eine Veränderung der Informationsverteilung und damit eine Reduzierung der vorhandenen Informationsasymmetrien durch das Rating. Daraus wurde ersichtlich, daß durch das Rating eine Erhöhung des Basis-Informationsstandes erzielt wird, d. h. des Informationsstan-

---

[157]   Vgl. Hax, H.; Hartmann-Wendels, T.; Hinten, P. v., Entwicklung, 1988, S. 709 ff.

[158]   Vgl. BLICKLE-LIEBERSBACH, M., Agency-Theorie, 1990, S. 1.

[159]   Vgl. STEINER, M.; HEINKE, V., Rating, 1996, S. 611.

[160]   Vgl. WAGNER, W., Rating, 1991, S. 69 ff.

des aller Marktteilnehmer[161] ohne nennenswerte Informationsbeschaffungsanstrengungen.[162] Aufgrund des Ratings nimmt das Informationsungleichgewicht also deutlich ab.[163] Durch die Veröffentlichung ihrer Rating-Urteile können kommerzielle Rating-Anbieter zu einer Abnahme der Informationsasymmetrie beitragen, was insbesondere auch einen Rückgang der durch diese Asymmetrien verursachten Agency-Probleme erwarten läßt.

Das Rating ist aber nicht nur geeignet Informationsasymmetrien zu reduzieren, sondern die Existenz von kommerziellen Rating-Anbietern und deren Möglichkeit zur Publikation eines *unsolicited rating*[164] kann auch einen Sanktionsmechanismus bei mangelnder Informationsbereitschaft des Kapitalnehmers darstellen. Dies läßt sich damit erklären, daß bei *unsolicited ratings* ein Rating nur aus öffentlich zugänglichen Informationen erstellt wird, da der Kapitalnehmer einer Zusammenarbeit und einer Veröffentlichung interner Informationen nicht zustimmt. Diese *unsolicited ratings* fallen dann als Folge der fehlenden und mangelnden Informationen i. d. R. schlechter aus, als dies bei Zusammenarbeit mit dem Rating-Anbieter zu erwarten wäre.[165] Das schlechtere Rating beeinflußt wiederum die Kapitalkosten des Kapitalnehmers, denn ein schlechteres Rating führt dazu, daß dem Kapitalnehmer eine schlechtere Bonität unterstellt wird, was sich in einer höheren Risikoprämie bemerkbar macht. Wenn also mangelnde Informationsbereitschaft des Kapitalnehmers zu höheren Kapitalkosten führt, dann erhält der Kapitalnehmer daraus einen Anreiz für eine richtige und ausführliche Informationsübertragung.[166]

---

[161] Die Marktteilnehmer sind neben den Kapitalnehmern zum einen Outsider, die sich unter Aufwendung von Kosten Informationen beschaffen müssen, um eine fundierte Anlageentscheidung treffen zu können. Zum anderen sind es Insider, die aufgrund ihrer Position zu Informationen Zugang haben, die Outsidern immer - d. h. auch unter Aufwendung hoher Informationsbeschaffungskosten - vorenthalten bleiben.

[162] Vgl. STEINER, M.; HEINKE, V., Rating, 1996, S. 611.

[163] Hierbei wurde die Annahme getroffen wurde, daß Rating-Agenturen über Insiderinformationen oder sogar Kapitalnehmerinformationen verfügen. Dies wird vielfach angenommen, denn Analysten von Rating-Agenturen haben häufig besseren Zugang zu Kapitalnehmerinformationen als Finanzanalysten oder Broker externer Wertpapierhäuser. Vgl. hierzu auch EVERLING, O., Projektgesellschaft, 1991, S. 310.

[164] Ein *unsolicited rating* wird ohne besonderen Auftrag erstellt. Initiator ist in diesem Fall die Rating-Agentur selbst oder ein Investor. Vgl. hierzu Kapitel 3.3.1.2.

[165] Vgl. EVERLING, O., Credit, 1991, S. 52.

[166] Vgl. STEINER, M.; HEINKE, V., Rating, 1996, S. 615.

Das Rating ist als ein wirksames Informations-, Anreiz- und Überwachungsinstrument dazu geeignet, Agency-Probleme zu reduzieren. Folglich leisten Ratings aus Sicht der neoinstitutionalistischen Finanzierungstheorie einen Beitrag, vorhandene Informationsasymmetrien zu reduzieren und somit Informationsvorsprünge von einzelnen Marktteilnehmern zu egalisieren. Im folgenden Kapitel kann dazu übergegangen werden, die kommerziellen Anbieter von Länderratings näher zu untersuchen.

3.3 Methoden kommerzieller Anbieter von Länderratings

Kommerzielle Anbieter von Länderrisikoinformationen sind Kapitalmarktintermediäre, die Hilfsmittel für die Reduzierung von Informationsasymmetrien zur Verfügung stellen.[167] Das Angebot dieses Wissens resultiert entweder aus der grundsätzlichen Tätigkeit des Anbieters oder ist ein Informationsangebot zur Unterstützung einer speziellen Entscheidung. Ersteres ist bei den internationalen großen Rating-Agenturen Moody´s und Standard & Poor´s der Fall, die als Teilbereich der Ermittlung von Länderrisiken Länderratings *(sovereign ratings)* erstellen. Darüber hinaus kann sich das Informationsangebot nicht nur auf Länderrisiken beziehen, sondern es kann auch branchenspezifisch ausgerichtet sein. Branchenspezifische Konzepte bieten u. a. das Beri-Institut[168] mit dem *BRS*[169] und dem *Forelend*-Index[170] oder auch die renommierten Fachzeitschriften Institutional Investor und Euromoney an.

---

[167] Die Marktmodelle der neoklassischen Theorie gehen von der Existenz eines vollkommenen Finanzmarktes aus. Mit diesem Postulat werden das Kapitalangebot- und die nachfrage durch vollständige Markttransparenz, kostenfreie Tauschprozesse und Transaktionssicherheit direkt zusammengeführt, so daß den Finanzintermediären die ökonomische Existenzberechtigung entzogen wird. Das Konstrukt der Finanzintermediation hebt nun diese unrealistische Annahme des vollkommenen Marktes auf und erfaßt Marktunvollkommenheit als asymmetrische Informationsverteilung zwischen den Marktteilnehmern, als anfallende Kosten für den Tauschprozeß und als Unsicherheit über zukünftige Transaktionsbedingungen. Damit erhalten Rating-Agenturen ihre Legitimation, weil sie die Marktunvollkommenheit reduzieren können. Die Effizienzverbesserung des Marktes durch die Teilnahme der Rating-Agenturen resultiert hauptsächlich aus der Reduzierung der Transaktionskosten und der Reduzierung der asymmetrischen Informationsverteilung für die Marktteilnehmer. Vgl. hierzu auch BÜSCHGEN, H. E., Bankbetriebslehre, 1998, S. 34, vgl. auch STANDARD & POOR´S, Roots, 1997, S. 2.

[168] Beri steht für Business Environment Risk Intelligence.

[169] Business Risk Service, vormals Beri-Index .

[170] Die Bezeichnung Forelend steht für Forecast of Country Risk for International Lenders.

3.3.1 Die internationalen Rating-Agenturen Moody's und Standard & Poor's

Die amerikanischen Rating-Agenturen Moody's und Standard & Poor's zählen heute zu den international bekanntesten und erfolgreichsten Agenturen weltweit. Dabei hat das Prinzip des von den Gründern eingeführten Rating-Systems auch heute noch grundsätzlich Bestand.[171] Allerdings hat sich mit der dynamischen Marktentwicklung in den letzten Jahrzehnten auch das Rating-Spektrum um viele neue Arten erweitert. Moody's und Standard & Poor's bewerten grundsätzlich alle Arten von Finanzinstrumenten und Ländern, die von Interesse für institutionelle Investoren sind. Im weiteren Verlauf dieser Arbeit werden ausschließlich die Ratings betrachtet, die in unmittelbarem Zusammenhang mit dem Länderrisiko stehen. Diese Ratings werden von den Rating-Agenturen unter dem Oberbegriff des *sovereign ratings* subsumiert. Dabei ist anzumerken, daß das *sovereign rating* bis dato in der deutschsprachigen Literatur kaum Gegenstand von wissenschaftlichen Untersuchungen war, sondern nur häufig im Zusammenhang mit Unternehmensratings angesprochen wurde.

3.3.1.1 Das *sovereign credit rating*

Ein Geschäftsfeld von Moody's und Standard & Poor's beschäftigt sich ausschließlich mit den *sovereign ratings*.[172] Dabei bewerten *sovereign ratings* das Risiko, welches im Zusammenhang mit der Kreditvergabe an eine hoheitliche bzw. staatliche Instanz entstehen kann.[173] *Sovereign ratings* sind nicht zu verwechseln mit *country ratings*, da *sovereign ratings* nur das Kreditrisiko von öffentlichen Instanzen betrachten und nicht spezifische Ausfallrisiken von anderen (privaten) Rechtssubjekten einbeziehen.

„Sovereign ratings are not „country ratings", (...) sovereign ratings address the credit risks of national governments, but not the specific default risks of other issuers."[174]

---

[171] Die Entstehung der amerikanischen Rating-Agenturen reicht bis ins 19. Jahrhundert zurück. Henry Varnum Poor gründete bereits 1860 ein Unternehmen zur Veröffentlichung von Wirtschaftsberichten. John Moody gründete 1900 sein Unternehmen und veröffentlichte ein Handbuch über Wertpapiere von Industrieunternehmen. Acht Jahre später entwickelte er - beeinflußt von den Krediteinstufungen von Bradstreets und Duns – ein Rating-System. Am 1. Juli 1914 schließlich gründete er Moody's Investors Service.

[172] Vgl. STANDARD & POOR'S, Sovereign Defaults, 1998, S. 2 f.

[173] Vgl. MOODY'S, Handbook, 1998, S. 157.

[174] STANDARD & POOR'S, Sovereign Credit, 1998, S. 1.

Das *sovereign credit rating* gibt den Grad der Verschuldung eines Staates in inländischer und ausländischer Währung wieder und bewertet die Zahlungsfähigkeit und -willigkeit eines Landes, die Schulden zu einem festgelegten Termin
zurückzuzahlen.[175]

*„... sovereign credit ratings – which now cover local and foreign currency debt issued
by governments ... – are an assessment of each government's capacity and willingness
to repay debt according to its terms."[176]*

Die Unterteilung des *sovereign credit ratings* in die inländische und ausländische Verschuldung eines Staates wird deshalb vorgenommen, weil die Ausfallwahrscheinlichkeit in ausländischer Währung wesentlich höher ist als in der eigenen Landeswährung.[177] Da ein Staat wegen seiner Geldschöpfungshoheit eher
in der Lage ist, Schulden in der Landeswährung zurückzuzahlen, kann die Fähigkeit eines Schuldnerlandes, festverzinsliche Wertpapiere *(bonds)* in Fremd-
währung zurückzuzahlen niedriger sein als seine Fähigkeit, festverzinsliche
Wertpapiere in Landeswährung zurückzuzahlen.[178] Ein Staat hat nämlich gegebenenfalls im Krisenfall die Möglichkeit, mittels der „Steuerschraube" oder über
die Kontrolle des Finanzsystems und damit dem potentiellen unlimitierten
Zugriff auf inländische Währungsmittel, die in inländischer Währung vorhandene Verschuldung zu begleichen. Hingegen muß der Staat bei der Verschuldung
in fremder Währung die ausländischen Zahlungsmittel durch den Kauf auf den
internationalen Devisenmärkten erwerben. Deshalb werden diese Überlegungen
hinsichtlich der Länderrisiken beim *sovereign credit rating* miteinbezogen. Im
Zusammenhang mit dem *sovereign credit rating* spielt natürlich auch das *credit
rating* eine besondere Rolle. Allgemein wird *credit rating*

*„als die Beurteilung der Bonität von Anleihen und anderen Forderungsrechte ver-
briefenden Wertpapieren bzw. deren Emittenten bezeichnet, die durch definierte Rating-Symbole formuliert wird."[179]*

Allerdings wird das *credit rating* im Fall des *sovereign credit rating* nur auf hoheitliche bzw. öffentliche Emittenten eingegrenzt.[180] Die verschiedenen Rating-

---

[175]   Vgl. STANDARD & POOR'S, Debt , 1999, S. 1, vgl. auch FITCH IBCA, Rating, o. Jg., S. 2.
[176]   STANDARD & POOR'S, Sovereign Credit, 1998, S. 1.
[177]   Vgl. IMF, Emerging Markets, 1999, S. 197.
[178]   Vgl. STANDARD & POOR'S, Ratingsdefinitionen, 1998, S. 4.
[179]   BÜSCHGEN, H. E., Finanzmanagement, 1997, S. 410, vgl. auch KNIESE, W., Bedeutung,
        1996, S. 13.
[180]   Vgl. persönliche Kontaktaufnahme mit JENNIFER YANG, Research Assistant, Standard &
        Poor's v. 18.07.2000.

Symbole spiegeln dabei eine ordinale Skala verschiedener Bonitätsurteile der einzelnen Länder wider. Die bestmögliche Einschätzung findet ihren Ausdruck in dem Symbol AAA (Standard & Poor's) bzw. Aaa (Moody's).[181] Unterhalb dieses „*triple-A*"-Rating existieren verschiedene Abstufungen, die in Abbildung 13 im Anhang dargestellt sind. Um die Definitionen der einzelnen Rating-Kategorien zu verstehen, sei auf die Erklärungen in Abbildung 14 und Abbildung 15 im Anhang verwiesen. Generell werden Ratings von mindestens BBB– bzw. Baa3 als *investment grade* bezeichnet, während darunterliegende Ratings in die Kategorie *speculative grade* einzuordnen sind. Das *sovereign credit rating* von Moody's umfaßt zur Zeit 111 Länder, das von Standard & Poor's besteht aus 85 Ländern. (Vgl. Anhang, Abbildung 16 und 17)

Die durch die Rating-Agenturen ermittelten *sovereign credit ratings* eines Herkunftslandes bilden die Obergrenze *(sovereign ceiling)* für die Bonitätseinschätzung eines Emittenten von Fremdwährungsanleihen.[182] Das *sovereign credit rating* überlagert als gesamtwirtschaftliches Risiko das Bonitätsrisiko eines individuellen Schuldners, dem es nicht möglich ist, ein höheres Rating als sein Heimatland zu erhalten.[183] Dies ist darauf zurückzuführen, daß im Rahmen der Standardanalyse die Rating-Agenturen nach dem *top-down-approach* vorgehen, d. h. in der ersten Phase wird zunächst das Länderrisiko beurteilt und dann erst das unternehmensspezifische Risiko.[184] Wird ein Kredit staatlich garantiert oder direkt an eine öffentliche Körperschaft bzw. an ein staatliches Unternehmen gewährt, so entspricht das individuelle Kreditnehmer-Bonitätsrisiko dem Länderrisiko. Existiert bereits ein Rating für Staatsanleihen eines Landes, so wird dieses Rating als *sovereign ceiling* übernommen.[185]

---

[181] Vgl. STANDARD & POOR'S, Standard & Poor's, 1999a, S. 1, vgl. auch STANDARD & POOR'S, Ratingskalierung, 2000, S. 1.

[182] Vgl. STANDARD &POOR'S, Sovereign Risk, 1997, S. 1, vgl. auch Standard &Poor's, Ratingkriterien, 2000, S. 1.

[183] Wie gezeigt wurde, können Anleihen in der jeweiligen heimischen Währung ein besseres Rating als Fremdwährungsanleihen erhalten. Darüber hinaus besteht aber auch für Unternehmen die Möglichkeit, ein besseres Rating als das *sovereign credit rating* zu bekommen, indem das Unternehmen die Neugründung eines finanziell gut gestellten, rechtlich eigenständigen Tochterunternehmens außerhalb des Herkunftslandes in die Wege leitet, oder wenn Sicherheiten bereitgestellt werden, die nicht mit dem Risiko des Herkunftslandes in Verbindung stehen. Vgl. dazu LEFFERS, B., Rating, 1996, S. 358.

[184] Vgl. HOFFMANN, P., Bonitätsbeurteilung, 1991, S. 45.

[185] Vgl. KRÄMER-EIS, H., Evaluierung, o. Jg., S. 38.

3.3.1.2 Qualitätsanforderungen an das Rating

Die Qualität eines Ratings entscheidet über die Reputation der Rating-Agentur. Qualität des Ratings bedeutet in diesem Zusammenhang die Fähigkeit, Bonitätsrisiken eines Landes objektiv zu bestimmen und möglichst genau anhand der Rating-Symbole widerzuspiegeln. Die Qualität eines Ratings und der Analysten zeichnet sich u. a. durch Transparenz, Objektivität, Aktualität, Unabhängigkeit aus.[186]

Die Transparenz bezieht sich darauf, inwieweit das Rating-Verfahren dritten Personen verständlich und erkennbar vorkommt. Mangelnde Transparenz ist ein Kritikpunkt, der den Rating-Agenturen häufig vorgeworfen wird.[187] Ein völlig transparentes Rating ist jedoch in der Praxis undenkbar, da sich die Rating-Agenturen dadurch langfristig ihrer eigenen Existenzgrundlage entledigen würden. Die Veröffentlichung von Einzelheiten des Ratings würde dazu führen, daß sich Konkurrenten die Informationen zu Nutze machen.[188] Auf diese Weise würden kompetitive Vorteile verlorengehen und es würde sich somit die Nachfrage ändern. Eine völlige Offenlegung des Entscheidungsprozesses ist auch aufgrund der vertraulichen Informationen, die eine Rating-Agentur während des Ratings erhält, nicht realisierbar.

Die Objektivität geht einher mit der Transparenz. Objektivität kennzeichnet sich im Gegensatz zur Subjektivität durch eine unvoreingenommene, unabhängige Beurteilung aus. Sind die Beurteilungsgrundlagen eines Ratings nicht nachvollziehbar, dann besteht die Möglichkeit der Manipulierbarkeit von Ratings.[189]

Unter der Aktualität eines Ratings wird seine Gegenwartsbezogenheit bzw. seine Bedeutsamkeit für die unmittelbare Gegenwart verstanden.[190] Gerade in den vergangenen Jahren hat sich die Geschwindigkeit der Informationsverbreitung drastisch erhöht. Um so wichtiger ist es deshalb, daß Ratings aktuelle Ereignisse berücksichtigen und keine zeitlichen Verzögerungen *(time-lags)* aufweisen.[191] Als aktuell kann ein Rating dann bezeichnet werden, wenn es neue und zutref-

---

[186] Vgl. STANDARD &POOR'S, Standard &Poor's, 1997, S. 2.

[187] Vgl. SÖNNICHSEN, C., Rating-Systeme, 1992, S. 164.

[188] Vgl. persönliche Kontaktaufnahme mit NAVAID FAROOQ, Associate, Middle East / Africa Standard & Poor's v. 24.07.2000.

[189] Vgl. MOODY'S, Rating Methodology, 1999, S. 3.

[190] Vgl. EVERLING, O., Credit, 1991, S. 287.

[191] Vgl. persönliche Kontaktaufnahme mit LUC MARCHAND, Associate, Europe, Standard & Poor's v. 24.07.2000.

fende Informationen über die Bonität eines Landes enthält. Der Informations-
wert eines Rating hängt demnach unmittelbar mit seiner Aktualität zusammen.[192] Die Institution der *watchlist* (Moody's) bzw. des *creditwatch* (Standard
& Poor's) wurde von den Rating-Agenturen entwickelt, um den Anlegern auf
diese Weise frühzeitige Dispositionen zu gewähren, ohne die Qualität des Ratings in Frage zu stellen.[193] Ratings werden auf eine *watchlist* genommen, wenn
bestimmte Ereignisse[194] eintreten, die zu einer starken Abweichung von der erwarteten Entwicklung führen.[195] Wenn sich z. B. die Wahrscheinlichkeit eines
up- oder downgrades für ein Land erhöht, dann kann die Rating-Agentur dieses
jeweilige Land auf die *watchlist* setzen. Die Auflistung in der *watchlist* signali-
siert den Investoren, daß aufgrund bestimmter Umstände weitere Analysen
durchgeführt werden. Es bedeutet jedoch nicht, daß eine Ratingänderung
zwangsläufig erfolgen wird. Nachdem ein Rating auf die *watchlist* aufgenommen wurde, gibt die Rating-Agentur einen Hinweis auf die Tendenz des Ratings,
indem die Situation als *watch positiv*[196], *watch negativ*[197] oder *watch developing*[198] determiniert wird. Sobald eine Entscheidung bezüglich des Ratings getroffen wurde, wird das Rating von der *watchlist* heruntergenommen. Ratingänderungen können aber auch vorgenommen werden, ohne daß das betreffende
Rating vorher auf die *watchlist* gesetzt wurde.[199] Initiiert wird der Vorgang der
watchlist durch das Rating-Komitee.[200] Das Rating-Komitee trägt zudem ganz
entscheidend zur Bewahrung der Qualität des Ratings bei, da eine Entscheidung
über eine Ratingveränderung nur innerhalb dieses Komitees stattfindet. Auf diese Weise soll auch der Manipulation des Ratings und der Korruption der Analysten entgegengewirkt werden.

---

[192] Vgl. BAUM, B., Rating-Systeme, 1987, S. 45.

[193] Vgl. EVERLING, O., Credit, 1991, S. 288.

[194] Auslösende Ereignisse können dabei z. B. staatliche Eingriffe sein oder langfristige Ver-
schiebungen der Rohstoffpreise, die es erforderlich machen, zusätzliche Informationen
einzuholen, um eine qualifizierte Ratingentscheidung treffen zu können. Vgl. hierzu
STANDARD & POOR'S, Rating, 2000, S. 3.

[195] Vgl. STANDARD & POOR'S, Standard & Poor's, 1997, S. 4.

[196] *Watch positiv* bedeutet, daß das Rating heraufgestuft werden kann.

[197] *Watch negativ* bedeutet, daß das Rating herabgestuft werden kann.

[198] *Watch developing* bedeutet, daß das Rating herauf-, herabgestuft oder bestätigt werden
kann.

[199] Vgl. STANDARD & POOR'S, Ratingsdefinitionen, 1998, S. 4.

[200] Vgl. MEYER-PARPART, W., Ratingkriterien, 1996, S. 120.

Neben den Kriterien der Transparenz, Objektivität und Aktualität, ist darüber hinaus auch die Unabhängigkeit des Ratings ein weiteres wichtiges Qualitätskriterium und zudem Grundvoraussetzung für die Akzeptanz der Ratings auf den Märkten.[201] Denn auf dem Prinzip der Unabhängigkeit fundiert die Legitimation der Rating-Agenturen.[202] Eine Verletzung dieses Prinzips hätte Konsequenzen auf die gesamte Rating-Branche. Deshalb arbeiten die Rating-Agenturen niemals in staatlichem Auftrag und sind von Banken, Investmentbanken oder ähnlichen Unternehmen völlig unabhängig. Auf diese Weise werden Interessenkonflikte bei der Erstellung von Ratings ex ante vermieden. Auch die Vergabe von Gefälligkeitsratings ist für eine Rating-Agentur undenkbar, denn dies würde ebenfalls zu einer sinkenden Akzeptanz der Rating-Agenturen bei den Investoren führen. Gefälligkeitsratings würden auch zu einem Verlust an Reputation führen, die sich – einmal in Frage gestellt – nur sehr mühsam wieder zurückgewinnen läßt.[203]

Das letzte aber überaus wichtige Kriterium für die Qualität und Stabilität des Ratings ist die fachliche Qualifikation und damit die Kompetenz der Analysten.[204] Im Regelfall werden Ratings beantragt. Allerdings werden auch *unsolicited ratings* ohne besonderen Auftrag erstellt. Initiator ist in diesem Fall die Rating-Agentur oder ein Investor. In diesem Punkt unterscheiden sich die beiden großen internationalen Rating-Agenturen. Während Standard & Poor's in der Vergangenheit nur Ratings auf Antrag verfaßte,[205] erstellt Moody's bereits seit längerem *unsolicited ratings*. Wenn die Rating-Agentur ein *unsolicited rating* initiiert, wird gleichzeitig dem jeweiligen Emittenten die Möglichkeit gegeben, sich an dem Ratingablauf zu beteiligen.[206] Im Falle einer Ablehnung der Unterstützung wird dies ausdrücklich durch folgenden Zusatz gekennzeichnet:

---

[201] Vgl. SÖNNICHSEN, C., Ratingsysteme, 1996, S. 441, vgl. auch BREUER, R., Bedeutung, 1992, S. 77.

[202] Allerdings muß kritisch betrachtet werden, daß die Rating-Agenturen in Medienkonzerne integriert sind. Um jeglichen Interessenkonflikten aus dem Weg zu gehen, vergeben die Rating-Agenturen aber keine Ratings an ihre Muttergesellschaften, was eine Einflußnahme der Muttergesellschaft jedoch nicht ganz ausschließen kann. Vgl. hierzu EVERLING, O., Credit, 1991, S. 96.

[203] Vgl. RANDOW, P. v., Rating, 1996, S. 555.

[204] Vgl. HIRSCH, U., Rating, 1996, S. 663.

[205] Standard & Poor's ist auch dazu übergegangen, *public information* ratings zu erstellen. Diese sind durch den angehängten Zusatz *pi* erkennbar und basieren nur auf öffentlich zugänglichen Informationen.

[206] Vgl. MORTON, C., Rating, 2000, S. 26 f.

„This rating was initiated by.... The issuer did not participate in the assignment process."[207]

Da der Emittent generell jedoch nichts gegen ein *unsolicited rating* unternehmen kann, wird er in der Regel mit der Rating-Agentur kooperieren, um auf diese Weise ein unvorteilhaftes Rating zu vermeiden,[208] denn dies hat wiederum Auswirkungen auf die Kapitalkosten des Emittenten.[209]

Neben den beiden vorstehend behandelten internationalen Rating-Agenturen gibt es noch eine Reihe weiterer kommerzieller Rating-Anbieter, die im folgenden näher untersucht werden.

3.3.2 Das Beri-Institut

Das BERI-Institut bietet neben dem klassischen *BSR-* (vormals Beri-Index) auch den *Forelend-Index* an. Der *BRS*-Index ist eine bekannte Bewertungsmethode und entstammt den sechziger Jahren.[210] Der Index folgt dem Prinzip der Delphi-Methode, also einer mehrstufig durchgeführten Expertenbefragung, und bewertet mit Hilfe quantitativer und qualitativer Daten die gegenwärtige Fähigkeit und Bereitschaft von ca. 50 Welthandelsländern den Schuldendienst in den nächsten Jahren zu leisten. Das Gesamtmodell umfaßt drei Teilkonzepte: den *operation risk index*[211] *(ORI)*, den *political risk index*[212] *(PRI)* und den *R-Factor*[213] *(remittances and repatriation)*. Im Ergebnis werden schließlich diese drei Risikomaßstäbe zu einer einzigen Kennziffer, der *profit opportunity recommendation*[214] *(POR)* zusammengefaßt.[215] Der *ORI* beurteilt die gesamtwirtschaftliche Situation eines Landes und berücksichtigt dabei die Infrastruktur und die politische Stabilität eines Landes. Der *PRI* umfaßt die außenpolitische Lage, die sozialen Verhältnisse und die kulturell-ethnischen Gegebenheiten. Dritte Komponente des *PRI* ist der *R-Faktor*, der das potentielle Transferrisiko erfaßt. Hierzu werden sowohl die gesetzlichen Vorschriften als auch die Devisenerlöse, die Wäh-

---

207 MOODY'S, Designation, 1999, S. 1.

208 Vgl. LEFFERS, B., Rating, 1996, S. 356.

209 Zur Kritik an den *unsolicited ratings* vgl. LYONS, R., Rating, 1996, S. 51.

210 Vgl. KRAYENBUEHL, T., Country Risk, 1985, S. 73.

211 Geschäftsklima-Index.

212 Politischer Risiko-Index.

213 Rückzahlungsfaktor.

214 Empfehlungen zur Gewinnerzielung.

215 Vgl. GÜNDLING, H.; EVERLING, O., Verfahren, 1993, S. 591.

rungsreserven und die externe Verschuldung des zu untersuchenden Staates betrachtet.[216] Der Risikoermittlung eines Landes mittels dem *BRS* ist jedoch ein hoher Subjektivitätsgrad inhärent, da das Ergebnis sehr von der Qualität der zu befragenden Experten determiniert wird. Lediglich die Analyse im Zusammenhang mit der Komponente des *R-Faktors* besitzt quantitativen Charakter.[217]

Dieser Kritik versucht das Institut mit dem *Forelend-Index* entgegenzutreten.[218] Hierbei handelt es sich um eine Prognose der Kreditwürdigkeit bei der die Fähigkeit einzelner Staaten beurteilt wird, ihren gegenüber ausländischen Gläubigern eingegangenen Verpflichtungen in ausländischer Währung nachzukommen. Der *Forelend-Index* ist gegenüber dem *BRS* durch einen höheren Anteil an quantitativen Kriterien gekennzeichnet. Dabei werden wiederum drei Risikomaßstäbe zu einer einzigen Kennzahl aggregiert. Jede Kennzahl kann eine Maximalpunktzahl von 100 Punkten erreichen. Der Index wählt eine Dreiteilung in eine quantitative, eine qualitative und eine soziale Kennzahl.[219]

Die quantitative Kennzahl untersucht die Fähigkeit eines Landes seine Auslandsschulden in ausländischer Währung zu begleichen. In diese Kennzahl gehen die Subindizes für Deviseneinnahmen für Auslandsverschuldung und für Währungsreserven mit jeweils 30% und der Subindex des Staatshaushaltes mit 10% ein.

Bei der qualitativen Kennzahl handelt es sich um Faktoren, die sich jedoch nicht statistisch erfassen lassen, wie z. B. politische Eingriffe in die wirtschaftliche Führung, Einfluß von Korruption und Vetternwirtschaft und Entschlossenheit der Politiker zur Erfüllung internationaler Verpflichtungen. Im Rahmen dieser nicht quantifizierbaren Bewertungsbereiche wird ein Expertenteam aus Politologen und Soziologen mit der Benotung dieser Faktoren beauftragt. Die Notenskala reicht von 0 (sehr ungünstig) bis 5 (sehr günstig).

Die soziale Kennzahl folgt wieder dem Prinzip der Subindizes und umfaßt die politischen und sozialen Länderrisiken.[220] Der politische Risikoindex und der Index für das Geschäftsklima werden mit je 40% gewichtet, während die dritte Komponente, der Subindex der sozialpolitischen Verhältnisse (z. B. Arbeitslo-

---

[216]   Vgl. HAKE, B., Beri-Index, 1982, S. 468.

[217]   Vgl. GÜNDLING, H.; EVERLING, O., Verfahren, 1993, S. 591.

[218]   Der Forelend-Index wurde speziell für Banken entwickelt.

[219]   Vgl. MEYER, M., Konzepte, 1985, S. 17 f.

[220]   Vgl. MEYER, M., Beurteilung, 1987, S. 101.

sigkeit, Bevölkerungswachstum) mit 20% bewertet wird.[221] Nach dieser Vorarbeit erfolgt dann im nächsten Schritt eine Gewichtung indem die qualitative Kennzahl mit 0,5, die quantitative und die soziale Kennzahl mit jeweils 0,25 multipliziert werden. Schließlich erhält man aus der Addition der drei gewichteten Kennzahlen die Kreditwürdigkeitszahl, die zwischen 0 und 100 liegt, und aus welcher dann eine Kreditempfehlung für das jeweilige Land ausgesprochen werden kann.[222] Diese Empfehlung variiert auf acht Bonitätsklassen des *Forelend*-Index. (Vgl. Anhang, Abbildung 18) Ein Vorteil des *Forelend*-Index besteht darin, daß dieses Bewertungsverfahren eindeutige, untereinander vergleichbare Länderratings ermöglicht. Darüber hinaus wird das Subjektivitätsproblem mit Hilfe der Durchschnittsbildung verschiedener Expertenmeinungen relativiert.[223] Ein inhaltlicher und methodischer Kritikpunkt besteht darin, daß in dem *Forelend*-Index nicht berücksichtigt wird, ob sich ein Land nur vorübergehend in einer Liquiditätskrise befindet und zukünftig seine Verpflichtungen erfüllen kann, oder ob das Land so stark überschuldet ist, daß die Wirtschaftskraft langfristig ungenügend ist. Desweiteren werden die einzelnen Länder von verschiedenen Experten bewertet, so daß eine Einheitlichkeit der Bewertung nicht gewährleistet und eine Ordinalisierung der Ergebnisse fragwürdig ist.[224] Zudem umfaßt der *Forelend*-Index nur ca. 50 Nationen.

3.3.3 Das Institutional Investor Magazin

Neben dem *BRS* und dem *Forelend*-Index hat das bankenspezifische *Institutional Investor Country Credit Rating* des Wirtschaftsmagazins Institutional Investor ebenfalls einen hohen Reputationsgrad auf den Finanzmärkten. Dabei wird seit 1979 zweimal jährlich versucht, die Länderrisiken bei ausländischen Direktinvestitionen besser einschätzen zu können, indem die Kreditwürdigkeit eines Landes mit Hilfe von Expertenmeinungen aus Bankenkreisen ermittelt wird.[225] Im Gegensatz zum *BRS*-Index, welcher über die Aggregation einer Vielzahl von Einzelfragen zum Gesamturteil gelangt, stellt der Institutional-Investor-Index ein sehr einfaches Konzept dar, da das Magazin direkt das Ge-

---

[221] Vgl. EVERTZ, D., Länderrisikoanalyse, 1992, S. 35.

[222] Vgl. BÄCKER, A., Länderrisiken, 1998, S. 25.

[223] Vgl. MURTFELD, M., Management, 1986, S. 209.

[224] Vgl. MEYER, M., Konzepte, 1985, S. 25.

[225] Vgl. SHAPIRO, H., Beat, 1996, S. 137, vgl. auch STOCKNER, W., Bewertung, 1984, S. 158.

samturteil bei den Experten abfragt.[226] Neuerdings werden zwischen 75 und 110 international tätige Banken hinsichtlich der Beurteilung der Bonität von ca. 120 Staaten befragt.[227] Anschließend erfolgt eine Gewichtung der Kreditrisiko-Beurteilungen gemäß den jeweiligen Auslandssegmenten und den Analysesystemen dieser Banken.[228] Über die genaue Gewichtung werden vom Institutional Investor keinerlei Angaben gemacht. Aus dem gewogenen arithmetischen Mittel der individuellen Ergebnisse wird dann die Risikokennzahl gebildet, die die Position des Landes in der Liste des Institutional Investor widerspiegelt und seinen gegenwärtigen Länderrisikograd determiniert.[229] Der Risikoindex ermittelt sich wie folgt:[230]

$$A_j = \sum_{i=1}^{n} g_i \cdot a_{ij} \quad \text{mit}$$

A_j : Kreditwürdigkeit des Landes j

a_{ij} : Kreditwürdigkeit des Landes j beurteilt von Bank i

g_i : Gewichtung der Meinung der Bank i

n : Anzahl der beurteilenden Banken

Trotz der hohen Marktakzeptanz und den Vorzügen des *Institutional Investor Country Credit Rating*, wie z. B. die dauerhafte Bewertungskonstanz, die umfangreiche Ländererfassung und die Reduzierung des Subjektivitätsfaktors durch die Mittelwertbildung, sind auch einige kritische Aspekte anzumerken.

Einerseits ist die mangelnde Transparenz der Ratings für den Anwender zu erwähnen. Sowohl die Namen der befragten Banken als auch die Gewichtung bleiben unbekannt.[231] Es besteht hierbei die Gefahr, daß die wahren Einschätzungen der Experten nicht offenbart werden, um Spezialwissen geheim zu halten. Darüber hinaus ist die Prognosefähigkeit noch sehr unterentwickelt, die Beurteilung basiert ausschließlich auf subjektiven Expertenurteilen, die eher die

---

[226] Vgl. CRUZ, I., Methoden, 1993, S. 234, vgl. auch ERB, C. ET AL., Risk, 1996, S. 30.

[227] Es können pro Land auf einer Skala von 0 (Kreditrisiko nicht akzeptabel) bis 100 Punkte (kein Kreditrisiko) vergeben werden, wobei das Domizilland des Beurteilenden bei der Bewertung ausgeschlossen bleibt. Vgl. hierzu GÜNDLING, H.; EVERLING, O., Verfahren, 1993, S. 593.

[228] Vgl. MÜLLER, E., Konzeption, 1991, S. 54 f.

[229] Vgl. INSTITUTIONAL INVESTOR, Growth, 1997, S. 181.

[230] Vgl. MEYER, M., Beurteilung, 1987, S. 113.

[231] Vgl. SHAPIRO, H., Fall, 1995, S. 125.

wirtschaftliche und politische Situation eines Landes reflektieren als eine Vor-
aussage über die zukünftige Entwicklung eines Landes zu treffen.[232] Ein weiterer wichtiger Kritikpunkt ist der, daß zwar mit Hilfe des *Institutional Investor
Country Credit Ratings* eine Rangliste entsteht, diese aber keinen Hinweis gibt,
bis zu welchem Rang ein Engagement empfehlenswert bzw. vertretbar ist.[233]

3.3.4 Das Euromoney Magazin

Der methodische Ansatz des Euromoney-Index war in seiner Vergangenheit
zahlreichen Änderungen unterworfen. Ursprünglich vertrat man die These, daß
sich die Länderbonität nicht durch die subjektive Beurteilung der Länder durch
Expertenmeinungen ergibt, sondern durch die Bewertung des vorhandenen Länderrisikos am Kapitalmarkt, durch den Spread.[234] Der Spread ist abhängig von
der Bonität des jeweiligen Kreditnehmers.[235] Je höher der Spread ausfällt, desto
weniger kreditwürdig ist das jeweilige Land und desto weiter hinten ist seine
Positionierung in der *Euromoney risk league table.*

Aufgrund dieser lediglich auf den Euromarkt beschränkten Verfahrensweise,
führte die Änderung des Konzeptes im Jahre 1982 zu einer Ausdehnung auf die
internationalen Kapitalmärkte, um auf diese Weise ein Rating zu gewähren
*„that directly reflects the standing of sovereign borrowers in all major international
capital markets".*[236] Dabei kam es auch zu einer grundlegenden Änderung des
Rating-Verfahrens, bei der die Zinsformel wegfiel und statt dessen eine Art Sco-
ring-Verfahren eingeführt wurde. Dazu wurden drei Faktoren gewichtet, wobei
sowohl die Inhalte als auch die Gewichtung der drei Analysekomponenten stän-
digen Modifikationen aufgrund der sich ändernden Bedingungen an den Fi-

---

[232] Vgl. JUNGA, S., Verschuldungskrise, 1991, S. 113.

[233] Das Institutional Investor Magazin schlägt vor, daß Staaten mit weniger als 60 Punkten
bereits zu den Problemländern mit einer sehr geringen Bonität zählen.

[234] Der Spread ist ein Zinszuschlag auf den LIBOR (*London Interbank Offered Rate*), d. h.
den zwischen den Banken am Euro-Markt in London gehandelten Zins. Er bildet die
Grundlage zur Berechnung des Index. Je nach Laufzeit (*Maturity*) und Höhe (*Volume,
Amount*) der einzelnen Kredite, bewertet Euromoney diesen Spread und man bekommt
somit den *weighted average spread* bzw. den gewichteten mittleren Zinsaufschlag. Vgl.
hierzu CIARRAPICO, A., Country Risk, 1992, S. 31, vgl. auch EUROMONEY, Country Risk,
1980, S. 48, vgl. ZUHEIR, S., Country Risk, 1979, S. 79, vgl. auch BACKHAUS, K.;
MEYER, M., Risiko-Barometer, 1984, S. 70.

[235] Vgl. NAGY, P., Quality, 1980, S. 165 f., vgl. auch MEYER, M., Länderrisikokonzepte,
1987, S. 66.

[236] EUROMONEY, Country Risk, 1982, S. 71.

nanzmärkten, unterlagen. Dies führte 1987 zu einer erneuten Modifikation des bisherigen Verfahrens und man wandte sich ab von einer indirekten Analyse der Länderrisiken mit der Grundphilosophie „*the market still knows best*" hin zu einer direkten Analyse, einem reinen Scoring-System. Heute publiziert Euromoney alle sechs Monate ein Länderrisikoranking, das eine Länderrisikokennziffer liefert, die sich derzeit aus den folgenden Faktoren zusammensetzt:

- 25% *economic performance*; zur Bildung dieses Subindexes werden Expertenbefragungen durchgeführt.[237]

- 25% *political risk* ; das Risiko wird anhand einer Expertenumfrage bewertet.

- 10% *debt indicator*; Errechnung eines Schuldenindikators, dabei gilt je niedriger der Punktwert, um so besser (höher) ist die Bewertung.

- 10% *debt default*; dieser Indikator wird auf einer Skala von 0 (alle Schuldendienste verweigert) bis 10 (keine Schuldendienstverweigerung) beurteilt.

- 10% *credit ratings*; dazu wird der Durchschnitt mehrerer international bekannter Länderratings kommerzieller Rating-Agenturen gebildet.[238]

- 5% *acess to bank finance*; der Kapitalmarktzugang wird aus der Auszahlung privater, langfristiger, nicht-garantierter Kredite in Relation zum Bruttoinlandsprodukt bestimmt.[239]

- 5% *access to short-term finance*; es erfolgt eine Klassifizierung in drei Gruppen mit Punktwerten von 0 bis 10,5.

- 5% *access to international bond and syndicated loan markets*; dabei wird in erster Linie die Möglichkeit des Zugangs zum Kapitalmarkt über Anleihen bewertet.

- 5% *access to and discount of forfaiting*; diese Kennzahl gibt die zu leistenden Risikoprämien wieder.[240]

Methodische Schwachstellen des Beurteilungssystems bestehen allerdings darin, daß es an einer gewissen Bewertungskonstanz fehlt. Dies ist auf die ständig wechselnden Anpassungsmechanismen marktorientierter Rating-Verfahren zu-

---

[237] Vgl. hierzu BARRETT, M.; IRVINE, L., Euromoney, 1988, S. 233.

[238] Vgl. GÜNDLING, H.; EVERLING, O., Verfahren, 1993, S. 592.

[239] Vgl. MÜLLER, E., Konzeption, 1991, S. 60.

[240] Vgl. persönliche Kontaktaufnahme mit ANDREW NEARBY, Head of Research, Euromoney v. 20.07.2000.

rückzuführen. Aus diesem Grund sind aktuelle Ratings mit denen der Vorjahre nur begrenzt vergleichbar; somit ist der Langzeitvergleich, der gerade hinsichtlich der Bonitätsentwicklung eines Landes aussagekräftig ist, ausgeschlossen. Aus diesem Grund erweist sich eine Bewertung der Prognosefähigkeit der Euromoney-Ratings als schwierig. (Vgl. Anhang, Abbildung 19)

4 ZUM EINFLUß VON LÄNDERRATINGS AUF DEN KAPITALMARKT

4.1 Grundlagen zur Beurteilung von Länderrisiken am Kapitalmarkt: Das Zinsspread-Modell

Neben der direkten Methode zur Beurteilung von Länderrisiken, können Länderrisiken auch aufgrund von am Markt beobachtbaren Risikoauswirkungen beurteilt (indirekte Methode) werden.[241] Im nun folgenden Kapitel wird zunächst das Zinsspread-Modell[242] vorgestellt, welches auf einer Welt ohne Informationsprobleme basiert, bevor dann anhand der Informationseffizienzthese geprüft werden soll, welchen Wert Ratings für den Kapitalmarkt haben. Risikoprämienmodelle basieren auf der Idee, daß in dem Zins, den der Schuldner zahlt, bereits die Kreditausfallwahrscheinlichkeit für den Kredit eingegangen ist.[243] Dabei soll die Risikoprämie, die auf den risikofreien Basiszinssatz aufgeschlagen wird, die Kreditausfallwahrscheinlichkeit widerspiegeln.[244]

Wenn dieser Ansatz nicht nur für individuelle Schuldner gilt, sondern auch auf Länder übertragbar ist, müßte es folglich also auch möglich sein, aus dem Spread Informationen über das Länderrisiko abzuleiten.[245] Das Zinsspread-Modell ist damit auch eine Methode zur Beurteilung von Länderrisiken, da an einem effizienten Kreditmarkt die Aufschläge gegenüber dem risikofreien Zins ein Maß für das objektiv bestehende Kreditausfallrisiko darstellen.[246] Unterschiedliche Spreads können somit als Grundlage für eine marktorientierte Länderrisikobeurteilung dienen.[247] Dabei kann mit Hilfe des Zinsspread-Modells der jeweils interessierende Spread eines Landes formal aufgrund dreier Eingabedaten berechnet werden:[248]

---

[241] Vgl. POIGNANT-ENG, C., Messung, 1992, S. 18 ff.

[242] Desweiteren existieren z.B. das Optionspreismodell oder das Signalling- und Rationierungs-Modell.

[243] Vgl. HAEGELE, M., Market, 1981, S. 75.

[244] Vgl. CLOES, R., Länderrisiko, 1988, S. 94 f.

[245] Vgl. KLEIN, M., Bewertung, 1991, S. 486 f.

[246] Vgl. SAUNDERS, A., Determinants, 1986, S. 13.

[247] Vgl. LICHTLEN, M., Management, 1997, S. 101.

[248] Vgl. POIGNANT-ENG, C., Messung, 1992, S. 13.

p: Erwartete Wahrscheinlichkeit eines *defaults* eines Landes (in %).

k: Rendite des risikobehafteten Titels (i. d. R. der *bonds* des zu untersuchenden Landes).

R_f: Rendite eines risikolosen Referenztitels (i. d. R. US-*bonds* oder deutsche Staatsanleihen mit der besten Bonität, *benchmark bonds*).

Das Basis Zinsspread-Modell beruht dabei auf folgenden Annahmen:

1. Die Anleger verhalten sich risikoneutral, sind also risikoindifferent.

2. Das Modell rechnet mit einer rationalen Erwartungsbildung der Marktteilnehmer über die Wahrscheinlichkeit des *defaults* eines Landes.[249]

3. Die Wahrscheinlichkeit des *defaults* eines Landes hängt nicht von der Entwicklung über verschiedene Perioden ab, sondern bleibt über die Zeit konstant.

4. Im Falle des *defaults* eines Landes wird nichts zurückbezahlt, d. h. eine teilweise Rückzahlung ist ausgeschlossen.

5. Im Modell herrscht vollständige Konkurrenz; es existieren weder Transaktionskosten noch Steuern.[250]

Unter Berücksichtigung dieser Annahmen sind die Anleger also im Modell risikoindifferent zwischen einem risikobehafteten und einem risikolosen *bond*, wenn folgende Beziehung gilt:[251]

(1) $(1 - p) \bullet (1 + k) = 1 + R_f$

Die Rendite des risikobehafteten Titels beträgt im Gleichgewicht daher:

(2) $k = \dfrac{1 + R_f}{1 - p} - 1$

Der Zinsspread (s) läßt sich somit bestimmen als:

(3) $s = k - R_f = \dfrac{1 + R_f}{1 - p} - (1 + R_f)$ oder

---

[249] Das bedeutet, daß die von den Marktteilnehmern erwarteten Wahrscheinlichkeiten im Mittel den tatsächlichen Häufigkeiten entsprechen.

[250] Vgl. POIGNANT-ENG, C., Messung, 1992, S. 12.

[251] Die getroffene Annahme abstrahiert stark von der Realität, da jeglicher Ausfall einen Totalausfall eines Landes unterstellt. Es besteht somit nicht die Möglichkeit eines *recovery*, d.h. daß ein gewisser Anteil des Kredites wieder eingebracht wird.

(4) $\quad s = (1 + R_f) \bullet \dfrac{p}{1-p}$

Unter den getroffenen Annahmen hängt der Zinsspread nur von R_f und von der erwarteten Wahrscheinlichkeit des *defaults* des entsprechenden Landes ab. Hat man die Rendite eines *benchmark bonds* beispielsweise mit $R_f = 6\%$ ermittelt und nimmt man eine Wahrscheinlichkeit des *default* eines Landes von 5% an, so kann man den Zinsspread errechnen, den ein risikoneutraler Anleger verlangen würde. In diesem konkreten Beispiel beläuft sich der Spread auf 5,58%, so daß ein entsprechender Kredit mit 11,58% (6% + 5,58%) verzinst werden müßte.[252]

Die Kritik an dem Zinspread-Modell resultiert hauptsächlich aus den getroffenen Annahmen. Besonders die Risikoindifferenz bzw. Risikoneutralität gilt wohl in der Realität nur beschränkt, da sich viele Kreditgeber aus unterschiedlichen Gründen eher risikoavers verhalten.[253] Damit ist von Anfang an eine Abweichung der Ergebnisse zwischen Markt und Modellschätzung gegeben.[254] Ebenfalls wäre empirisch zu testen, ob sich der Markt tatsächlich rational verhält. Die Realität widerlegt zudem die Konstanzannahme[255] als auch die Periodenunabhängigkeit der Ausfallwahrscheinlichkeit eines Landes.[256] Vor allem entsprechen aber die Annahmen der vollständigen Konkurrenz, der vollständigen Informationen und das Fehlen von Transaktionskosten und Steuern im Modell nicht der Realität und verzerren die rationalen Erwartungsbildungen.

In einer Modellwelt, in der die o.g. Annahmen zutreffen, ist darüber hinaus aber kein Platz für kommerzielle Rating-Anbieter, weil per Annahme schon Informationseffizienz vorhanden ist.[257] In diesem Fall kann ein Rating keine neuen In-

---

[252] Vgl. POIGNANT-ENG, C., Messung, 1992, S. 13, vgl. auch LICHTLEN, M., Management, 1997, S. 101 f.

[253] Gründe liegen z.B. in der Berücksichtigung von historischen Kreditvergaben oder kulturellen Kontexten, die zu einem risikoaversen Verhalten tendieren lassen.

[254] Positiv ist die Tatsache, daß Modellerweiterungen es ermöglichen, auch risikoscheues Verhalten der Gläubiger zu berücksichtigen. Der Zinsspread ist dann zusätzlich vom Kreditbetrag und der jeweiligen Präferenzfunktion des Gläubigers abhängig. Noch komplexer wird das Modell, wenn für die Berücksichtigung von Interdependenzen bei Länderrisiken (Schneeball-Effekte) weitere Parameter eingeführt werden. Detaillierte Ausführungen in: POIGNANT-ENG, C., Messung, 1992, S. 13 ff.

[255] Die Realität hat die Existenz von Schuldenkrisenzyklen gezeigt.

[256] Vgl. LICHTLEN, M., Management, 1997, S. 102 f.

[257] Vgl. HORN, E. J., Entwicklungen, 1994, S. 16.

formationen mehr verbreiten, da alle Marktteilnehmer bereits sämtliche Informationen besitzen, so daß eine Wohlfahrtssteigerung durch Rating-Urteile vor diesem Hintergrund nicht mehr möglich ist. Die neoklassische Finanzierungstheorie kann daher die Existenz von kommerziellen Rating-Anbietern nicht erklären, aufgrund „kategorialer Unvereinbarkeit" mit den zugrundeliegenden Annahmen.[258] Nur wenn ein informationsineffizienter Markt vorliegt, wird der Theorie zufolge, ein Rating von Nutzen sein.

In der täglichen Praxis ist dieser theoretische Ansatz des Zinsspread-Modells trotzdem häufig anzutreffen. Es werden dazu die *bonds* der verschiedenen Länder miteinander vergleichbar gemacht. Als Fixpunkte für einen solchen Vergleich werden *benchmark bonds*, also liquide Staatsanleihen mit entsprechender Fälligkeit herangezogen, die definitionsgemäß die beste Bonität aufweisen. Werden nun die *bonds* eines anderen Landes mit diesem *benchmark bond* verglichen, so muß die sich naturgemäß ergebende absolute Zinsdifferenz (Spread) um die verschiedenen Faktoren bereinigt werden, die einem unmittelbaren Vergleich im Wege stehen.[259] Hat man anschließend den analysierten *bond* des Landes mit dem *benchmark bond* vergleichbar gemacht, bleibt das Länderrisiko als Erklärung der Zinsdifferenz übrig. Die Zinsdifferenz wird um so höher sein, je höher das Länderrisiko eingeschätzt wird.[260] Interessanter Weise lassen sich diese Spreads auch in Abhängigkeit vom Rating beobachten.

4.2 Rating versus Informationseffizienzthese des Kapitalmarktes

4.2.1 Theoretische Bedeutung des Ratings

Intuitiv ist es einleuchtend, daß sich die Einschätzung von Länderrisiken durch die Marktteilnehmer in Preisen, beispielsweise für *bonds* der jeweiligen Länder, niederschlagen. Ein Anleger wird z. B. eine Anlage in einen spekulativen *bond* der Elfenbeinküste im Vergleich mit einem *benchmark bond*, z. B. einer konservativen US-*bond* Anlage, nur mit einer entsprechend höheren Risikoprämie eingehen. Es muß jedoch die Frage gestellt werden, inwieweit dieser Mechanis-

---

[258] Vgl. SCHMIDT, R., Property-Rights-Analysen, 1988, S. 245.

[259] Dazu zählen beispielsweise die Laufzeit, die Währung, die unterschiedliche Höhe des Kupons, die unterschiedliche Marktgängigkeit und etwaige Unterschiede in den Rückzahlungsmodalitäten (Gläubiger- und Emittentenkündigungsrechte).

[260] Vgl. BEHRENWALDT, U., Funktionen, 1996, S. 298, vgl. auch DOUKAS, J.; JALIVAND, A., Sovereign, 1986, S. 143, vgl. auch SCHIELER, M., Spread, 1991, S. 8.

mus zuverlässig funktioniert, d. h. inwieweit der Markt so effizient ist, daß eine Beurteilung von Länderrisiken aufgrund von Risikoprämien gültige Resultate liefert.[261] EUGENE F. FAMA liefert eine formale Definition von Markteffizienz:

„A market in which prices always 'fully reflect' available information is called efficient."[262]

Diese Definition besagt, daß zur Schaffung eines effizienten Kapitalmarktes neue Informationen den Marktteilnehmern schnell, kostenlos und umfangreich zur Verfügung stehen sollten. Auf einem effizienten, sich im Gleichgewicht befindenden Markt, sind zu jeder Zeit alle verfügbaren Informationen in den aktuellen Wertpapierpreisen enthalten.[263] Der Preis als Knappheitsindikator erfüllt seine Funktion effizient, wenn dieser auf der Basis aller verfügbaren Informationen entsteht. Darüber hinaus vollziehen sich Preisanpassungen ohne zeitliche Verzögerungen.[264] FAMA entwickelte – basierend auf den Arbeiten von HAYEKS – verschiedene Hypothesen zur Kapitalmarkteffizienz. Für die Markteffizienz im Sinne FAMAS müssen dabei folgende Voraussetzungen gegeben sein:[265]

- Es existieren keine Transaktionskosten.

- Vorhandene Informationen müssen für jedermann kostenlos verfügbar sein.

- Sämtliche Marktteilnehmer sind Preisnehmer und handeln rational.

Dabei werden in der Literatur nach FAMA drei Effizienzgrade unterschieden, je nach Definition der „relevanten Informationsmenge" eine schwache, mittelstarke und starke Markteffizienz.

- Bei der schwachen Informationseffizienz des Kapitalmarktes besteht die relevante Informationsmenge aus historischen Kursen. Es sind sämtliche Informationen über die ex-post Kursentwicklungen im aktuellen Kurs berücksichtigt.[266]

- Besteht darüber hinaus die relevante Informationsmenge aus sämtlichen öffentlich zugänglichen Informationen, so spricht man von einer mittelstarken

---

[261] Vgl. POIGNANT-ENG, C., Messung, 1992, S. 25.

[262] FAMA, E. F., Markets, 1970, S. 383.

[263] Vgl. POIGNANT-ENG, C., Messung, 1992, S. 25.

[264] Vgl. NIERMANN, W., Zinsfutures, 1999, S. 182 f.

[265] Vgl. FAMA, E. F.; MILLER, M., Theory, 1972, S. 335 f.

[266] Vgl. STEINER, M.; HEINKE, V., Rating, 1996, S. 584.

Markteffizienz. Alle öffentlich verfügbaren Informationen sind folglich im aktuellen Kurs enthalten.

- Eine starke Markteffizienz ist vorhanden, wenn die relevante Informationsmenge aus sämtlichen für die Kursbildung bedeutsamen Informationen besteht. Auch die nicht öffentlich zugänglichen Informationen, sogenannte Insiderinformationen sind in dem aktuellen Marktpreis reflektiert. Der Markt ist so effizient, daß selbst mit Insiderinformationen keine über dem Marktdurchschnitt liegende Rendite erzielt werden kann.[267]

Die drei Formen der Markteffizienz sind in der Weise verknüpft, daß ein Verwerfen der schwachen Form der Markteffizienz auch die beiden stärkeren Formen verwerfen würde.[268]

Vor dem Hintergrund der Informationseffizienzthese des Kapitalmarktes läßt sich im folgenden aufzeigen, wie der Informationsgehalt von Rating-Urteilen konzipiert sein muß, damit sich in Abhängigkeit verschiedener Formen der Informationseffizienz ein positiver Nutzen des Ratings einstellen kann.

Hinsichtlich der Informationseffizienz muß beim Rating zwischen individuellen Verfahren und formalisierten Verfahren auf Basis mathematisch-statistischer Methoden unterschieden werden. Während individuelle Rating-Verfahren Insiderinformationen berücksichtigen, beinhalten formalisierte Rating-Verfahren einzig und allein bereits publizierte fundamentale Daten.[269]

Für die individuellen Verfahren bedeutet dies, daß Ratings nur bei schwacher bis mittelstarker Markteffizienz zusätzliche Informationen auf den Markt bringen. Nur bei diesen Markteffizienzen wird die Informationsfunktion des Ratings aus theoretischer Sicht gewährleistet, da das Rating sich hauptsächlich aus Insiderinformationen und Erfahrungsvorsprüngen zusammensetzt.[270] Dagegen ist bei Vorliegen von starker Informationseffizienz des Kapitalmarktes davon auszugehen, daß die Rating-Urteile nutzlos sind, da alle Anleger die Informationen bereits bei deren Entstehung unmittelbar erhalten haben und diese damit unverzüglich in den Zinsspreads enthalten sind. Solange davon ausgegangen wird, daß

---

[267] Vgl. KLEIN, S., Aktien, 1999, S. 111 ff.

[268] Vgl. POIGNANT-ENG, C., Messung, 1992, S. 26, vgl auch FREIMANN, E., Zinsdifferenz, 1994, S. 6.

[269] Vgl. MOHR, E., Sovereign, 1991, S. 70.

[270] Vgl. STEINER, M.; HEINKE, V., Rating, 1996, S. 585, vgl. hierzu auch MOODY'S, Rating, 2000, S. 3 f.

keine strenge Markteffizienz vorliegt, besteht ein Nutzen bzw. eine Informationsfunktion des Rating, wenn das Rating zu einem Großteil aus Insiderinformationen besteht.

In bezug auf die formalisierten Rating-Verfahren bedeutet dies, daß nur wenn eine schwache Informationseffizienz vorliegt, die Rating-Verfahren zusätzliche, noch nicht in den Kursen enthaltene Informationen darstellen.[271] In jeder anderen Form der Markteffizienz würden durch die Veröffentlichung solcher Rating-Urteile bereits bekannte Informationen erneut am Markt verkauft werden. Beim Vorliegen einer mittelstarken Markteffizienz dürfte ein Rating-Urteil die Kurse des *bonds* nicht beeinflussen.[272] Dies gilt speziell für die *unsolicited ratings*, bei denen der Emittent keine über den gesetzlich vorgeschriebenen Publikationsumfang hinausgehenden Informationen aushändigt.[273]

4.2.2 Empirische Untersuchungen zum Informationsgehalt von Ratings

Aufgrund dieses theoretischen Sachverhaltes sind bereits einige empirische Untersuchungen durchgeführt worden, die den Informationsgehalt der Rating-Urteile analysieren. Dabei steht im Mittelpunkt des Interesses die Frage, ob sich Änderungen des Länderratings auch in Änderungen der Zinsspreads des jeweiligen *bonds* des Landes niederschlagen. Wenn sich solche Zinsspread-Veränderungen nach einer Veränderung des Länderratings beobachten lassen, dann ist daraus zu schließen, daß das Rating zusätzliche, bis zur Veröffentlichung noch nicht im Spread berücksichtigte Informationen bereitstellt.

Abbildung 20 im Anhang enthält eine Übersicht der wichtigsten empirischen Untersuchungen, die zum Informationsgehalt des Rating bislang angefertigt wurden.[274] Im folgenden soll die aktuellste Studie zu diesem Thema von

---

[271] Vgl. EVERLING, O., Credit, 1991, S. 122 f.

[272] Vgl. STEINER, M.; HEINKE, V., Rating, 1996, S. 585, vgl. auch HAEGELE, M., Market, 1980, S. 122.

[273] Allerdings kann nicht davon ausgegangen werden, daß alle privaten Anleger eine zutreffende Interpretation aus öffentlich verfügbaren Daten vornehmen können. Wenn folglich das Rating zu einer sinnvollen Reduzierung der Komplexität bei der Beurteilung von Länderrisiken beitragen kann, dann wird durch das Rating, trotz halbstarker Markteffizienz der Informationsstand privater Anleger erhöht.

[274] So untersuchten z. B. PAUL GRIER und STEVEN KATZ in ihrer Studie, mit welchen Wirkungen Anleihekurse auf etwaige Ratingänderungen reagieren. Sie gelangen zu der Schlußfolgerung, daß es im Monat der Ratingänderung und auch bis zu drei Monate danach zu signifikanten Reaktionen aufgrund von *up-* und *downgrades* kommt. Vgl. hierzu GRIER, P.; KATZ, S., Differential Effects, 1976, S. 239. Ebenfalls stellten GLASCOCK,

CANTOR und PACKER analysiert werden, die untersucht, ob eine Korrelation zwischen der Ankündigung einer Ratingveränderung[275] eines Landes und dem Marktspread dieses Landes besteht.[276] Ohne Verwendung statistischer Analysen lassen sich bereits vereinzelt Korrelationen zwischen der Veränderung des Ratings eines Landes und einer Veränderungen des Spreads des betreffenden Landes feststellen. (Vgl. Anhang, Abbildung 21)

In der Regel stellen aber solch eindeutige Korrelationen die Ausnahme dar. Damit auch für andere, nicht so signifikante Erscheinungen eine Korrelation nachgewiesen werden kann, bedienen sich CANTOR und PACKER einer Analyse, die alle Veränderungen der Länderratings der Agenturen Moody's und Standard & Poor's im Zeitraum von 1987-1994 mit allen Veränderungen der Marktspreads untersucht.[277] Dazu werden ex-post die durchschnittlichen Spreadveränderungen zum Zeitpunkt der Ratingveränderung sowohl 30 Tage vor als auch 20 Tage nach dieser Ratingveränderung beobachtet. Abbildung 3 veranschaulicht diese durchschnittlichen Bewegungen, wobei sich auf den relativen Spread[278] bezogen wird.

DAVIDSON und HENDERSON in ihrer Forschungsarbeit statistisch bedeutsame Reaktionen der Aktienkurse am Tag der Ratingänderung fest. Vgl. hierzu GLASCOCK, J.; DAVIDSON, W.; HENDERSON, G., Announcement, 1987, S. 77. WANSLEY und CLAURETIE weisen in ihrer Studie über Reaktionen von Anleihe- und Aktienkursen auf Ratingänderungen negative Kursreaktionen bei *downgrades* nach, während keine Anpassungen bei *upgrades* zu beobachten sind. Vgl. hierzu WANSLEY, J.; CLAURETIE, T., Impact, 1985, S. 41. Zusammenfassend geben die oben aufgeführten empirischen Untersuchungen keine eindeutigen Rückschlüsse hinsichtlich der Fähigkeit der Informationsübertragung von Rating-Agenturen. Trotzdem besitzen Studien dieser Thematik aufgrund der zunehmenden Bedeutung des Ratings hohe praktische Relevanz.

[275]   Unter Veränderungen des Rating wird im folgenden sowohl die eigentliche Ratingänderung in Form eines *down-* oder *upgrades*, als auch die Aufnahme auf die *watchlist* von Moody's bzw. *outlook* von Standard & Poor's verstanden. (Vgl. hierzu Kapitel 3.3.1.2)

[276]   Vgl. CANTOR, R.; PACKER, F., Determinants, 1996, S. 37 ff.

[277]   In der Studie von CANTOR und PACKER werden insgesamt 79 Ratingveränderungen in 18 Ländern analysiert. 39 dieser Ratingveränderungen sind tatsächliche *down-* (25) oder *upgrades* (14) gewesen, die restlichen 40 Ratingveränderungen beziehen sich hierbei auf die Aufnahme in die *watchlist* bzw. *outlook*.

[278]   Der relative Spread errechnet sich aus der Differenz zwischen dem Spread und dem marktüblichen Zins des *benchmark bond* dividiert durch den marktüblichen Zins des *benchmark bond*.

ABBILDUNG 3: SPREADVERÄNDERUNGEN BEI DOWN- UND UPGRADES

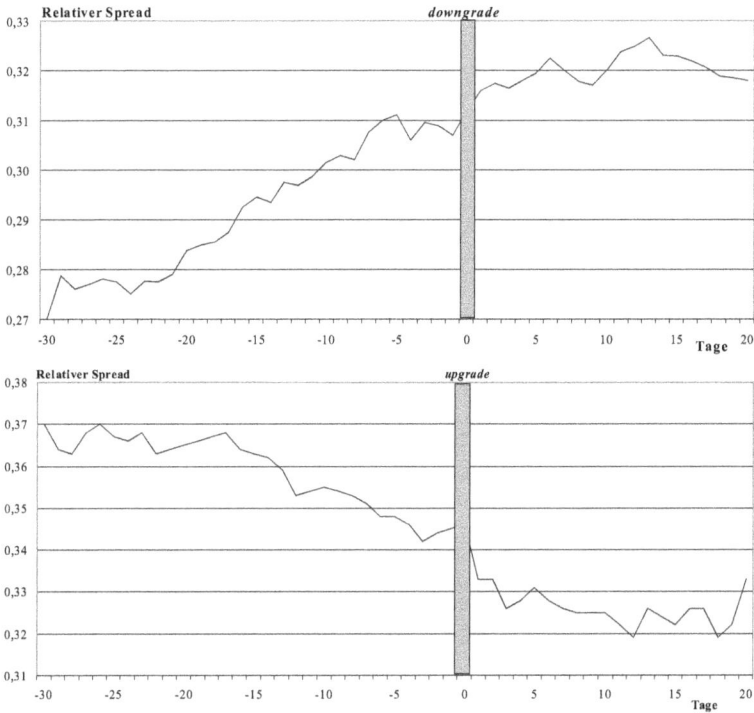

QUELLE: CANTOR, R.; PACKER, F., DETERMINANTS, 1996, S. 45

Aus den Abbildungen wird ersichtlich, daß die Veränderung eines Länderrisikos bereits vom Markt antizipiert wird, bevor der eigentliche Akt der Verkündigung (= Tag 0) der Veränderung des Ratings durch die Rating-Agentur stattfindet. Es wird ersichtlich, daß während der 29 Tage vor der Verkündigung des *downgrades* durch die Rating-Agentur der relative Spread bereits um 3,3%-Punkte[279] gestiegen ist, was ausschließlich auf Marktantizipationen zurückzuführen ist.[280] Ähnlich den *downgrades*, läßt sich auch vor der eigentlichen Verkündigung eines *upgrades* eines Landes erkennen, daß der Spread um über 2,0%-Punkte vor der Verkündigung der Veränderung durch die Rating-Agentur fällt. Daran an-

---

[279] Auf einer kumulierten Basis.

[280] Vgl. CANTOR, R.; PACKER, F., Determinants, 1996, S. 46.

schließend stellt sich die Frage, ob die Veränderung von Ratings einen Einfluß auf die Risiko-Einschätzung eines Landes haben.[281] Dazu ist es sinnvoll, den betrachteten Kursverlauf auf einen 2-Tages-Zeitraum zu reduzieren, d. h. es wird nur noch der Tag der Verkündigung und der Tag nach der Verkündigung untersucht.[282] Innerhalb dieses gewählten Zeitraumes wird dann erkennbar, daß der relative Spread bei *downgrade*-Ankündigungen um ca. 0,95%-Punkte ansteigt und bei *upgrade*-Ankündigungen um mehr als 1,3%-Punkte fällt. Obwohl diese prozentualen Veränderungen zwar absolut kleiner sind als die kumulierten Werte über den Zeitraum der 29 Tage, zeigen sie eine signifikante Veränderung auf einer Tagesbasis. Dieses Ergebnis läßt bereits ohne statistische Auswertung vermuten, daß der eigentliche Akt der Verkündigung einer Veränderung des Ratings eines Landes ebenfalls eine Veränderung der Einschätzung der Marktteilnehmer bezüglich eines Länderrisikos bewirkt.[283] Tatsächlich gelangen auch CANTOR und PACKER nach zahlreichen statistischen Auswertungen zu der Erkenntnis, daß die Ankündigung der Veränderung eines Ratings eines Landes zu signifikanten Änderungen der Marktteilnehmer und folglich zu statistisch erheblichen Spreadveränderungen führt.

„...it shows that the announcements of changes in the agencies sovereign risk opinions are followed by bond yield movements in the expected direction that are statistically significant."[284]

4.2.3 Kritische Betrachtung der Ergebnisse

Es liegen jedoch auch Studien vor, die keine signifikanten Veränderungen der Spreads zum Zeitpunkt der Ratingänderung erkennen lassen und somit auf keinen Informationsmehrwert hinweisen. Dies ist z. B. besonders in der Arbeit von HETTENHOUSE und SARTORIS der Fall. Die Autoren gelangen zu der Ansicht,

---

[281] Vgl. GOH, J.; EDERINGTON, L., Bond Rating, 1993, S. 2001 f.

[282] Diese Auswahl des Zeitraumes wird deshalb vorgenommen, weil nicht mit Sicherheit davon ausgegangen werden kann, daß die Ratingveränderung rechtzeitig vor dem offiziellen Schluß der *bonds*-Märkte stattgefunden hat oder aber erst einen Tag danach in den Kursen widergespiegelt wird.

[283] Eine genaue statistische Auswertung findet sich in der Studie von CANTOR und PACKER (1996). Knapp 63% aller Ankündigungen von Ratingveränderungen weisen ebenfalls eine Veränderung der Spreads in die erwartete Richtung auf, so daß man einen eindeutigen Einfluß von Ratingveränderungen durch Rating-Agenturen erkennen kann.

[284] CANTOR, R.; PACKER, F., Determinants, 1996, S. 49.

daß der Markt offensichtlich genügend Effizienz besitzt, so daß sich die Preise unabhängig von den Rating-Agenturen bestimmen.[285]

In der Literatur finden sich eine Reihe von Gründen, die verdeutlichen, daß Länderratings von Rating-Agenturen wenig Spielraum für neuen Informationsgehalt besitzen. Im wesentlichen lassen sich diese Aussagen wie folgt begründen:[286]

- Länderrisiken basieren primär auf öffentlich zugänglichen Informationen, wie z. B. der Auslandsverschuldung oder den ausländischen Währungsreserven eines Landes. Dem Markt sind sehr häufig diese veröffentlichten Informationen bereits vor der Ankündigung von Ratingveränderungen durch die Rating-Agenturen bekannt.[287]

- Die Rating-Industrie sieht sich häufig dem Vorwurf ausgesetzt, daß ein Großteil ihrer Einnahmen aus dem Geschäftsfeld des Länderratings erwirtschaftet wird. Es besteht ein Interessenkonflikt zwischen den Rating-Agenturen und den evtl. abzuwertenden Ländern. Hierzu meinen REISEN und v. MALTZAN:

  „The fear of upsetting clients, losing their rating demand and the respective fee income may introduce 'downgrade rigidity' into ratings in periods of excessive capital inflows."[288]

- Auch die Existenz von *split ratings* wird häufig in der Literatur als Beweis dafür herangezogen, daß der Informationsgehalt von Ratings gering ist. *Split ratings* entstehen, wenn verschiedene Rating-Agenturen bei der Beurteilung des gleichen Finanztitels zu unterschiedlichen Einstufungen gelangen.[289]

---

[285] Vgl. Hettenhouse, G.; Sartoris, W., Analysis, 1976, S. 76.

[286] Vgl. REISEN, H.; V. MALTZAN J., Sovereign, 1998, S. 73.

[287] Im Gegensatz zum *sovereign rating* gibt es beim Rating von Unternehmen *(corporate rating)* häufig die Möglichkeit im Rahmen von *one-to-one* Gesprächen neue Informationen zu erhalten, die in dieser Form noch nicht der Öffentlichkeit zugänglich sind und somit quasi Insiderinformationen darstellen. Vgl. auch STANDARD & POOR'S, Sovereign, 1999, S. 1.

[288] Reisen, H.; v. Maltzan J., Sovereign, 1998, S. 73.

[289] EDERINGTON ermittelte in einer empirischen Studie, daß *split ratings* allerdings zumeist die Folge von Zufallsschwankungen an den Grenzen der Rating-Klassen sind. Vgl. hierzu EDERINGTON, L., Split Ratings, 1986, S. 37 ff. Ursache für diese geringen Schwankungen sind die Komplexität und nicht die zu vernachlässigende Subjektivität der Beurteilung. Vgl. hierzu STEINER, M., Rating, 1992, S. 514, vgl. auch RUDOLF, J., Analyse, 1989, S. 168.

- Wie in Kapitel 2.2.2 bereits gezeigt wurde, spielt manchmal nicht so sehr die Zahlungsfähigkeit eines Landes, sondern vor allem die Zahlungswilligkeit eine große Rolle im Rahmen der Zahlungsausfälle eines Landes. Das führt zu der Schlußfolgerung, daß selbst wenn ein Land ein gutes Rating erhält und theoretisch auch zahlungsfähig ist, es de facto nicht zahlungswillig sein kann, und somit das Rating des Landes ohne Aussagekraft ist.

Die Kritik reicht sogar soweit, daß verschiedene Autoren den Rating-Agenturen im Falle von Veränderungen des Ratings eines Landes eine destabilisierende Wirkung auf den Kapitalmarkt bescheinigen. Es wird argumentiert, daß Rating-Agenturen prozyklisch agieren, wenn sie einerseits *upgrades* in Zeiten boomender Märkte vornehmen und damit noch stärkere Volatilitäten am Markt auslösen oder wenn sie andererseits *downgrades* in Zeiten von rezessiven Märkten aussprechen, so daß sowohl Kapitalflucht aus den abwertenden Ländern und als auch enorme Anstiege der Spreads die Folgen sind.[290]

Hieraus resultieren vermehrt die Forderungen, daß Rating-Agenturen anstelle eines „Spät-Warnsystems" ein „Frühwarnsystem" implementieren müssen, damit zukünftig frühzeitige Warnungen ausgesprochen und somit die Volatilitäten auf den Kapitalmärkten reduziert werden können.[291] Im nächsten Kapitel sollen deshalb die neuen Ansätze der Rating-Agenturen zur verbesserten Früherkennung von Länderrisiken diskutiert werden.

---

[290] Vgl. REISEN, H.; V. MALTZAN J., Sovereign, 1998, S. 74 u. S. 82.
[291] Vgl. MORTON, K., Image, 2000, S. 30.

5 NEUE ANSÄTZE ZUR BEURTEILUNG VON LÄNDERRISIKEN

5.1 Rating-Agenturen versus *bond*-Markt-Spreads am Beispiel der Asienkrise: eine Analyse der Prognosequalität

Wie das vorhergehende Kapitel gezeigt hat, waren die Rating-Agenturen harter Kritik ausgesetzt. Im folgenden Kapitel soll die Qualität der Prognosefähigkeit der Rating-Agenturen aufgrund eines direkten Vergleiches mit dem *bond*-Markt-Spread beurteilt werden. Auf diese Weise soll einerseits geprüft werden, ob die Kritik an der mangelnden Qualität der Prognosefähigkeit der Rating-Agenturen gerechtfertigt ist, andererseits soll analysiert werden, welche Methode die effizientere ist.

Alle von der Asienkrise[292] betroffenen Länder – Hong Kong, Indonesien, Korea, Malaysia und Thailand – wurden sowohl von Moody's als auch von Standard & Poor's bewertet, so daß im ersten Schritt eine Analyse bezüglich des Zeitpunktes und der Höhe des Ratings durchgeführt werden kann. Vor Ausbruch der Asienkrise gab es nur relativ geringe Ratingveränderungen.[293] (Vgl. Anhang, Abbildung 22)

Zu Beginn der Asienkrise weisen die Länderratings von Moody's im Vergleich zu Standard & Poor's die niedrigeren Ratings und damit die höheren Bonitätsrisiken für die jeweiligen Länder auf. Aus Abbildung 23 im Anhang läßt sich erkennen, daß zu Beginn der Krise, mit dem *floating* des thailändischen Bath im Juli 1997 sämtliche Ratings von Moody's gleich bzw. niedriger waren als die der Konkurrenz. Dies zeigt zwar, daß Moody's im Vergleich zu Standard & Poor's eine etwas bessere Performance vorweisen konnte, es erklärt aber nicht, wieso die Ratings der beiden Agenturen generell so positiv ausfielen und die

---

[292] Zur chronologischen Abhandlung der Asienkrise vgl. IMF, Sector, 1999, S. 2.

[293] Moody's setzte Thailand im Februar 1997 auf die *watchlist negative* und vergab im April 1997 ein A3. Die einzigen anderen Ratingveränderungen von Moody's waren das *upgrade* der Philippinen (auf Ba1) im Mai 1997 und die Vergabe eines Ratings an Vietnam (Ba3). Standard & Poor's nahm kein einziges downgrade im ersten Halbjahr 1997 vor, sondern erteilte sogar vor der Krise noch 3 *upgrades:* im Februar 1997 für die Philippinen (auf B3+), im Mai für China (BBB+) und Hong Kong (auf A+). Vgl. hierzu STANDARD & POOR'S, Standard & Poor's, 1997a, S. 1 f. Alle von der Asienkrise betroffenen Länder, wie China, Hong Kong, Indonesien, Malaysia, Singapur, Taiwan und Thailand hatten zu Beginn des Jahres 1997 immer noch ein *investment grade* Rating. Vgl. auch IMF, Emerging Markets, 1999a, S. 59 f.

latenten Länderrisiken nicht erkannt wurden.[294] Das niedrigste vergebene Rating, ein Baa3 bzw. BBB für Indonesien, war immer noch ein *investment grade*.

Um auf die Frage der mangelnden Qualität der Prognosefähigkeit eine Antwort zu finden, werden deshalb die konventionellen Länderratings der Rating-Agenturen Moody´s und Standard & Poor´s mit den *bond*-Markt-Spreadbewegungen vor der Krise verglichen. Eine chronologische Gegenüberstellung der Rating-Aktionen auf der einen Seite, und dem Verlauf der Zinsspreads auf der anderen Seite, müßte folglich die Frage beantworten können, ob der *bond*-Markt-Spread oder die konventionellen Ratings geeignetere Indikatoren sind, die Asienkrise vorauszusagen. Zu beachten ist, daß als Ergebnis dieser Analyse Aussagen über die Qualität der Prognosefähigkeit von konventionellen Ratings relativ zu *bond*-Spreads möglich sind, nicht aber Aussagen über die Qualität der Prognosefähigkeit im absoluten Sinn.[295] Abbildung 4 zeigt sowohl den Verlauf des Zinsspreads als auch die dazugehörigen Ratings der Agenturen exemplarisch für die Länder Thailand, Indonesien und Korea.

---

[294] Zur Performance der Rating-Agenturen vgl. HOUSE, R., Ratings, 1995, S. 245 ff.

[295] Desweiteren werden keine statistischen Berechnungen durchgeführt, wie z. B. die Berechnung von Korrelations-Koeffizienten für verschiedene Zeitpunkte nach SPEARMAN, sondern die Analyse wird an Hand graphischer Darstellungen und Datenmaterial von Moody´s und Standard & Poor´s vorgenommen.

ABBILDUNG 4: RATINGS VERSUS BOND-MARKT-SPREADS AM BEISPIEL VON THAILAND, INDONESIEN UND KOREA

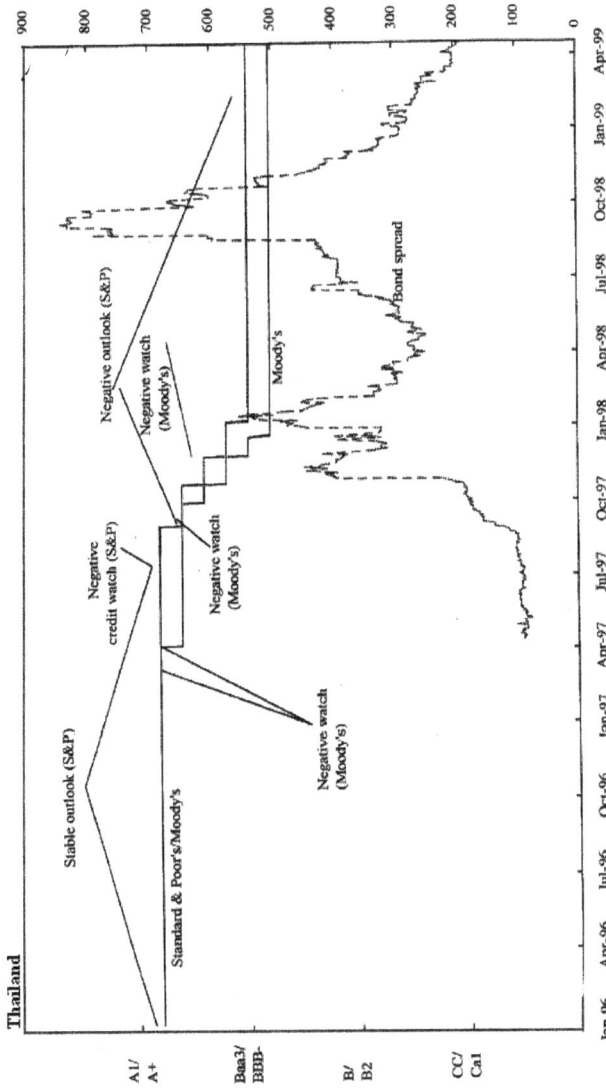

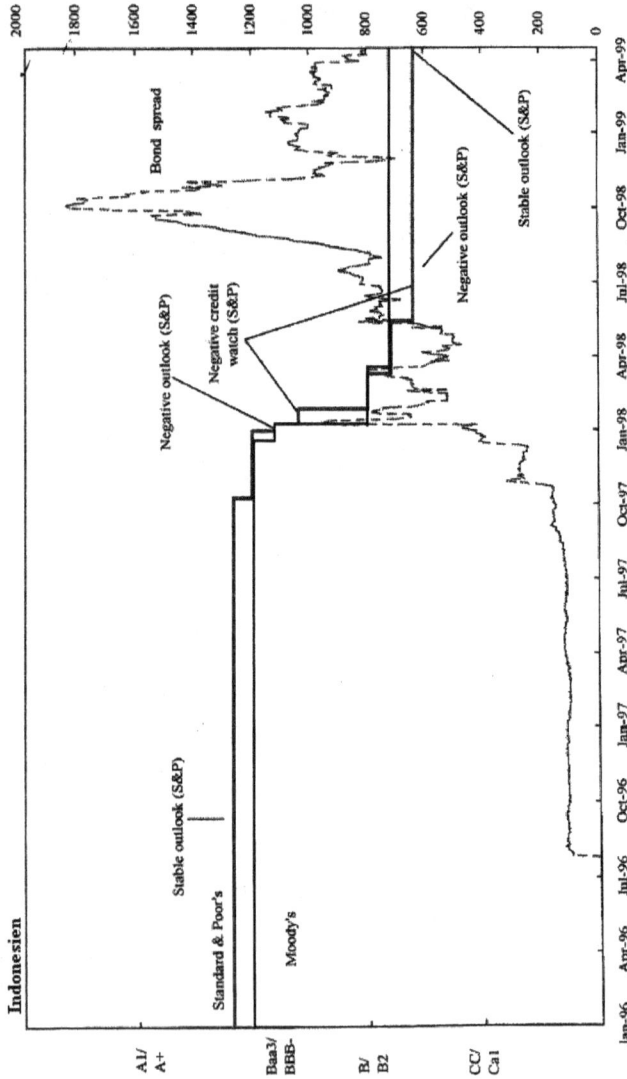

Indonesien

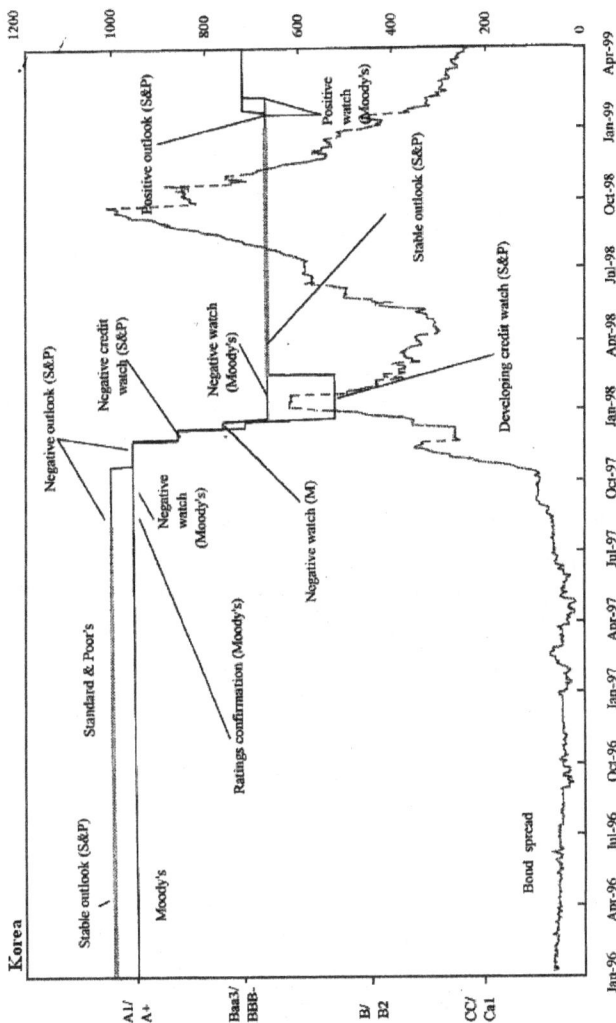

Kommentar: *Auf den Ordinaten sind das Rating und der Zinsspread abgetragen, auf der Abzisse die Zeit.*

QUELLE: IMF, Credit Ratings, 1999, S. 126 ff.

- **Thailand**

Im Frühjahr 1997, als die finanziellen Probleme von Thailand teilweise publik wurden, setzte Moody's Thailand auf die *watchlist* und reduzierte Mitte April das Rating von A2 auf A3, was aber immer noch ein *investment grade* ist.[296] Standard & Poor's nahm hingegen während des Zeitraumes von 1994 bis Juli 1997 keine Ratingveränderung für Thailand vor.[297] Auf dem Kapitalmarkt führten weder die Spekulationen gegen den Baht im Mai 1997 noch das *floating* des Baht ab dem 2. Juli 1997 zu einem Anstieg des Spreads.[298] Der Zinsspread stieg erst in der dritten Augustwoche stark an, allerdings bereits vor dem Zeitpunkt des *downgrades* durch Standard & Poor's am 3. September (auf A–) und auch vor dem erneuten *downgrade* von Moody's am 1. Oktober. Zu diesem Zeitpunkt erhielt Thailand immer noch ein *investment grade* von den Rating-Agenturen.

Besonders starke Volatilitäten erfuhren die Spreads an den *bond*-Märkten dann im späten Dezember nach den verschiedenen *downgrades* von Moody's und Standard & Poor's.[299] Der Spread stieg daraufhin auf ein Niveau von über 500 Basispunkten. Erst gegen Ende Februar verringerte sich der Spread wieder auf ca. 300 Basispunkte, obwohl keinerlei Veränderungen der Rating-Agenturen stattfanden.[300] Aus dieser chronologischen Darstellung wird deutlich, daß der Spreadmarkt im Zeitraum Juli bis Oktober 1997 den Beginn der Krise in Thailand vor den Rating-Agenturen antizipiert hat. Die verschiedenen *downgrades* von Thailand waren das auslösende Moment, für die Zunahme der starken Spreadanstiege. Festzuhalten ist auch, daß erst im Dezember 1997 also fast ein halbes Jahr nach Beginn der Krise, Thailand von Moody's in ein *non-investment grade* eingestuft worden ist.[301]

---

[296] Vgl. IMF, Credit Ratings, 1999, S. 134, vgl. auch IMF, Ratings, 1999, S. 157.

[297] Vgl. STANDARD & POOR'S, Global, 1999, S. 2.

[298] Auch die Aufnahme Thailands durch Standard & Poor's auf die *credit watch* Anfang August führte zu keinem ersichtlichen Ausschlag des Spreads.

[299] Am 24. Oktober stufte Standard & Poor's Thailand auf ein Rating von BBB herab, Moody's reduzierte das Rating von Thailand am 27. November auf ein Baa3 und erst am 21. Dezember 1997 wurde Thailand mit einem *non-investment-grade* Ba1 von Moody's bewertet.

[300] Vgl. IMF, Credit Ratings, 1999, S. 134. Die starken Spread-Ausschläge am 14. August 1998 sind auf die Ankündigung des Restrukturierungsprogrammes im Finanzsektor zurückzuführen.

[301] Vgl. IMF, Crisis, 1999, S. 52.

- **Indonesien**

Im Falle von Indonesien zeigten sich bereits Ende Oktober erste kleinere Spreadanstiege auf ein Niveau von fast 300 Basispunkte, nach dem *downgrade* von Standard & Poor's Anfang Oktober 1997. Der Ausschlag des Spreads Mitte Dezember auf fast 400 Basispunkte erfolgte vor den *downgrades* von Moody's (auf Ba1) und Standard & Poor's (auf BB+), die erst gegen Ende Dezember Indonesien als *non-investment grade* eingestuft haben. Das *downgrade* sowohl von Moody's (auf B2) als auch von Standard & Poor's (auf BB) am 9. Januar 1998 ging gleichzeitig einher mit den Hauptausschlägen im Spread auf bis zu 1000 Basispunkte.[302] Auch hier wird ersichtlich, daß es bereits Mitte Dezember zu nicht unerheblichen Spreadausschlägen am *bond*-Markt kam, obwohl die Rating-Agenturen noch keine wesentlichen Ratingveränderungen vornahmen. Eine mögliche Schlußfolgerung wäre, daß der *bond*-Markt die bevorstehende Krise besser antizipiert hat.

- **Korea**

Im Beispiel Koreas hingegen führte erst das *downgrade* von Standard & Poor's vom 24. Oktober (von AA– auf A) zu einem deutlichen Zinsspreadanstieg. Eine ähnliche Situation trat ein, als im Dezember die Rating-Agenturen an Korea mehrere *downgrades*[303] hintereinander vornahmen und der Spread sein vorläufiges Maximum bei ca. 700 Basispunkten verzeichnete.[304] In diesem Fall ist die Schlußfolgerung richtig, daß die Rating-Agenturen neue Informationen auf den Markt getragen haben, was sich durch die Spreadausschläge am *bond*-Markt verifizieren läßt. (Abbildungen 26 bis 28 im Anhang zeigen exemplarisch die aktuellen Länderratings von Moody's für die oben angesprochenen Länder.) Aus diesen Vergleichen lassen sich zwei wichtige Erkenntnisse ableiten:

---

[302] Vgl. IMF, Credit Ratings, 1999, S. 134.

[303] Moody's stufte Korea am 17. November 1997 auf ein A3, am 10. Dezember auf ein Baa2 und am 21. Dezember auf ein Ba1 herab. Standard & Poor's nahm eine Herabstufung am 25. November 1997 auf A1, am 1. Dezember auf ein BBB und am 22. Dezember auf ein B+ vor. Vgl. hierzu STANDARD & POOR'S, Outlooks, 2000, S. 2.

[304] Auch das Beispiel von Korea wirft die Frage auf, wieso das Land bis in den Dezember 1997 hinein mit einem *investment grade* bewertet wurde. In der Geschichte des Ratings bildet Korea bisher mit dem Umfang der Herabstufungen einen Negativrekord. Seit der Aufwertung im Februar 1998 durch Moody's und Standard & Poor's ist das Rating für Korea jedoch wieder relativ stabil.

Zum einen kann festgehalten werden, daß die Rating-Agenturen die Krise zwar nicht früher als der *bond*-Markt antizipieren konnten, sie waren aber auch nicht unbedingt später mit ihren Rating-Veränderungen als der Kapitalmarkt.[305] Vielmehr läßt sich sogar sagen, daß die Ratingveränderungen dazu beigetragen haben, daß der Spread stieg und daraufhin die Marktteilnehmer über die bevorstehenden Gefahren informiert wurden. Zum anderen muß allerdings ganz klar konstatiert werden, daß die Rating-Agenturen die betroffenen Länder viel zu optimistisch bewertet haben und erst viel zu spät ein *non-investment-grade* ausgesprochen wurde. Hier ist die Kritik an den Rating-Agenturen gerechtfertigt, und die latenten Gefahren in den einzelnen Ländern wurden unterschätzt.[306] Aus diesem Grund ist die Entwicklung von neuen Ansätzen zur Beurteilung von Länderrisiken eine bedeutende Aufgabe für die Rating-Agenturen.

5.2 Entwicklung neuer Ansätze zur Früherkennung von Länderrisiken

Sowohl die Kritik an den Rating-Agenturen über die mangelnde Prognosequalität, als auch die Auswertungen von Analysen aus der Asienkrise, haben die Rating-Agenturen dazu veranlaßt, ihre Methodik und ihre verwendeten fundamentalen Daten bei der Beurteilung von Länderrisiken grundsätzlich zu überdenken.[307] Die Rating-Agenturen sind daraufhin zu der Erkenntnis gekommen, daß ein Paradigmawechsel bezüglich der Rating-Methodik notwendig ist.[308] Daher lassen sich im wesentlichen folgende neue Ansätze und Inhalte bestimmen.[309]

---

[305] Vgl. CANTOR, R.; PACKER, F., Sovereign, 1995, S. 5.

[306] Vgl. IMF, Summary, 1999, S. 224, vgl. auch EUROMONEY, Pants, 1998, S. 51.

[307] Vgl. MOODY'S, Paper, 1998, S. 8.

[308] Vgl. MOODY'S, Asia, 1999, S. 7 f., vgl. auch persönliche Kontaktaufnahme mit FRANCESC BALCELLS-FORRELLAD, Associate Analyst Sovereigns, Moody's Investors Service; ATSI SHETH, Associate Analyst Sovereigns, Moody's Investors Service v. 06.07.2000. Vgl., hierzu auch IMF, Emerging Markets, 1999, S. 208.

[309] Da bislang in der Literatur noch keine wissenschaftlichen Arbeiten zu dieser Thematik existieren, basieren die folgenden Ausführungen hauptsächlich auf zahlreichen persönlichen Gesprächen und Kontaktaufnahmen mit Analysten von Moody's und Standard & Poor's und aus einer Vielzahl von internen Dokumenten der Rating-Agenturen.

(1) Einbeziehung des *contagion effects*[310]

Das Risiko, daß eine finanzielle Krise Nachbarregionen oder sogar ein Nachbarland anstecken kann, wird seit der Asienkrise von allen Rating-Agenturen als eine der wichtigsten Erkenntnisse empfunden und seitdem stärker in dem Rating eines Landes berücksichtigt. Der Transmissionsmechanismus des *contagion effects* verläuft dabei hauptsächlich durch die Finanzmärkte, besonders durch die Währungs- und Kapitalmärkte. Eigentlicher Katalysator dieses Effektes sind jedoch die am Markt vorhandenen Erwartungen, die sich durch einen Vertrauensverlust der Investoren ausdrücken. Die Folge ist, daß die Investoren die Möglichkeit von Kapitalumschichtungen nutzen und innerhalb kürzester Zeit auf andere Märkte ausweichen.

(2) Beurteilung des Währungsreserven-Managements der Zentralbanken

Die Zentralbankreserven dienen als „Puffer" in Zeiten von Zahlungsbilanzschwierigkeiten. Wenn die Verschuldung des privaten und öffentlichen Sektors hauptsächlich kurzfristig ausgerichtet ist und auf ausländischer Währung lautet, besteht die Gefahr, daß die Zentralbankreserven nicht ausreichend sind. Eine Faustregel besagt, daß Zentralbankreserven mindestens drei Monatsbeiträge der Importausgaben decken sollten. Im Fall der Asienkrise erwies sich dies jedoch als Trugschluß, denn es wurde deutlich, daß selbst höhere Reservepositionen aufgrund der Größe und der Volatilität von grenzüberschreitenden Kapitalflüssen schnell ausgeschöpft waren. Darüber hinaus zeigte die Krise, daß die Möglichkeit der zusätzlichen Liquiditätsbeschaffung beim IWF in Krisensituationen nicht immer ausreichen, um das verlorene Marktvertrauen wiederherzustellen.[311] Als Folge daraus stehen die Zentralbanken heute stärker denn je unter dem Druck, ein effizienteres Währungsreserven-Management zu betreiben und Reserven aufzubauen, die in Notfallzeiten auch plötzliche Kapitalexporte bzw. den drastischen Rückgang von Kapitalimporten verkraften können. Zudem wird diese Problematik verstärkt durch die mangelnde Publizität und Offenlegung der Zentralbanken in Entwicklungs- und Schwellenländern. So geben viele Veröffentlichungen der Zentralbanken weder eine vollständige und zeitnahe Auskunft über die durchgeführten und geplanten Zentralbank-Maßnahmen noch über die

---

[310] *Contagion effect* läßt sich übersetzten mit Ansteckungsgefahr oder Dominoeffekt. Vgl. hierzu STANDARD & POOR'S, Sovereigns, 1997, S. 1, vgl. auch STANDARD & POOR'S, Sovereign, 1998a, S. 3.

[311] Vgl. MOODY'S, Liquidity, 2000, S. 3.

Höhe vorhandener und tatsächlich liquider Währungsreserven wieder. Erkenntnisse aus dieser Tatsache haben dazu geführt, daß nunmehr die Rating-Agenturen und hier besonders Standard & Poor's[312] in Zusammenarbeit mit dem IWF bestrebt sind, informativere und konsistentere Veröffentlichungen und Berichte von Zentralbanken zu erhalten. Dies ist ein wichtiger Ansatz, um das Währungsreserven-Management von Zentralbanken transparenter zu machen, damit eine bessere Beurteilung von Risiken in Zukunft möglich wird.

(3) Transparentere Darstellung der Auslandsverschuldung und der externen Schuldenbedienung

Obwohl die Auslandsverschuldung der Länder Thailand, Indonesien und Korea in den Jahren vor der Asienkrise sehr stark angestiegen und zudem überwiegend von kurzfristigem Charakter war, ist die Auslandsverschuldung nicht als einziger auslösender Faktor der Asienkrise zu bezeichnen. Im Vergleich zu der Auslandsverschuldung nahm nämlich die Verschuldung des privaten Sektors viel stärker zu. Der Hauptteil der Verschuldung wurde originär vom privaten Sektor, also von Banken und Unternehmen, und nicht von der Regierung, aufgenommen.[313] Dies war ein gemeinsames Kennzeichen aller in der Asienkrise involvierten Länder. Die überproportionale Zunahme der Verschuldung des privaten Sektors, einhergehend mit einer kurzfristigen Auslandsverschuldung, lösten folglich Druck auf die Kreditqualität des privaten Sektors, und damit auch auf die Kreditqualität des Landes aus. Heute lenken die Rating-Agenturen deshalb ihre Aufmerksamkeit verstärkt auf die Struktur der Fälligkeiten sowohl der Auslandsverschuldung als auch der Verschuldung des privaten Sektors. Auf diese Weise sollen solche wirtschaftlichen Verschlechterungen des privaten Sektors (wie im Fall von Korea), die Auswirkungen auf die Zentralbankreserven und Druck auf die gesamte staatliche finanzielle Flexibilität ausüben, in Zukunft nicht unerkannt bleiben und rechtzeitig bei der Beurteilung des Länderrisikos berücksichtigt werden.[314] In diesem Zusammenhang muß auch die generelle Politik des Schuldenmanagements verschiedener Länder angesprochen werden.

---

[312] Vgl. hierzu persönliche Kontaktaufnahme mit LUC MARCHAND, Associate, Europe, Standard & Poor's v. 24.07.2000, vgl. auch FITCH IBCA, Agencies, 1998, S. 1 f.

[313] Dies ist übrigens ein elementarer Unterschied zur Mexikokrise von 1994/ 95, wo die Verschuldungskrise von der öffentlichen Hand ausgelöst wurde. Vgl. hierzu STANDARD & POOR'S, Sovereign Credit, 1998, S. 1.

[314] Vgl. persönliche Kontaktaufnahme mit NAVAID FAROOQ, Associate, Middle East / Africa Standard & Poor's v. 24.07.2000, vgl. auch FITCH IBCA, Crisis, 1998, S. 1 ff.

Häufig existieren auch hier keinerlei Veröffentlichungen der Regierungen über die aktuell bestehende Auslandsverschuldung, was zu enormen Marktverunsicherungen führen kann. Ein Wandel ist hier eingetreten, weil besonders Rating-Agenturen verstärkt ausländische Regierungen auffordern, mittels standardisierten und regelmäßigen Veröffentlichungen, mehr Transparenz in die finanziellen Verhältnisse eines Landes zu bringen.

(4) Stärkere Betrachtung des vorhandenen Bankensektors

Die Rating-Agenturen legen in Zukunft ihren Schwerpunkt auch auf eine detailliertere Analyse des Bankensektors. Auf diese Weise soll eine größere Transparenz und Übersicht über die am Markt vorhandenen Banken erreicht werden. Ziel ist eine stärkere Einbeziehung des Bankensektors in die Analyse der Rating-Agenturen, um die Eventualverbindlichkeiten bzw. die bestehende Ausfallhaftung aufzuzeigen und auf diese Weise eher finanzielle Krisen voraussagen zu können.[315]

(5) Einführung eines _sovereign financial strength rating_

Ein bedeutender neuer Ansatz der Rating-Agenturen besteht darin, daß jedes Land ein _sovereign financial strength rating_ erhält. Dieses Rating soll dem Markt zukünftig eine Indikation dafür geben, wie anfällig das jeweilige Land für eine externe Zahlungskrise ist. Das Neuartige an diesem Rating ist, daß das Land isoliert betrachtet wird,[316] d. h. weder potentielle Kredithilfen von internationalen Organisationen noch von anderen Ländern werden bei dieser Risikobeurteilung mit berücksichtigt.[317] Es wird also die „echte" hoheitliche Finanzstärke eines Landes bewertet. Mit dem _sovereign financial strength rating_ soll ein noch vorsichtigeres Rating entstehen, das noch deutlicher auf potentielle Risiken hinweisen will.[318]

Zusammengefaßt muß man sagen, daß die neuen Ansätze der Rating-Agenturen für eine effizientere Beurteilung und Früherkennung von Länderrisiken sinnvoll

---

[315] Vgl. STANDARD & POOR'S, Roots, 1997, S. 2, vgl. MOODY'S, World, 1999, S. 8, vgl. auch EUROMONEY, Rating, 1997, S. 85.

[316] Im Rahmen eines _stand-alone_ Ansatzes.

[317] Vgl. persönliche Kontaktaufnahme mit FRANCESC BALCELLS-FORRELLAD, Associate Analyst Sovereigns, Moody's Investors Servic; ATSI SHETH, Associate Analyst Sovereigns, Moody's Investors Service v. 06.07.2000.

[318] Vgl. persönliche Kontaktaufnahme mit LUC MARCHAND, Associate, Europe, Standard & Poor's v. 24.07.2000.

erscheinen, jedoch sehr stark abgeleitet sind aus den Erkenntnissen der Asienkrise. Die Frage, ob diese neuen Ansätze der Rating-Agenturen ausreichen, um die „nächste" große internationale Finanzkrise frühzeitiger zu prognostizieren, kann nicht beantwortet werden, denn wenn sie frühzeitiger prognostiziert wird, Maßnahmen dagegen Ergriffen werden usw., tritt sie vielleicht gar nicht ein. Allerdings konstatieren die Rating-Agenturen selbst, daß es nie eine vollständige Sicherheit für eine exakte Früherkennung von Länderrisiken geben wird, sondern daß nur immer wieder versucht werden kann, die verwendete Rating-Methodik zu optimieren.[319]

---

[319] Vgl. persönliche Kontaktaufnahme mit THERESE FENG, PhD, Associate Director Fitch Ratings v. 05.07.2000.

6 ERGEBNISSE

Aus der vorliegenden Arbeit lassen sich eine Reihe von Ergebnissen zusammenfassen. Erstens ist festzuhalten, daß eine Vielzahl verschiedener Verfahren und Methoden zur Beurteilung von Länderrisiken existiert, von denen sich aber in der Praxis nur die Methoden der kommerziellen Anbieter durchsetzen konnten. Hier sind vor allem die Ratings der Agenturen Moody's und Standard & Poor's zu erwähnen. Der Nutzen von Ratings konnte im Rahmen der neoinstitutionalistischen Finanzierungstheorie bewiesen werden. Es wurde gezeigt, daß die Ratings nicht nur ein Instrument zur Reduzierung von Informationsasymmetrien sind, sondern auch einen geeigneten Sanktionsmechanismus im Fall einer mangelnden Informationsbereitschaft des Kapitalnehmers darstellen. In der Praxis mußten sich die Ratings allerdings aufgrund der ausbleibenden Früherkennung der Asienkrise starker Kritik unterziehen.

Zweitens wurde gezeigt, daß neben dem Rating – als eine direkte Methode der Beurteilung von Länderrisiken – auch noch die Möglichkeit der Beurteilung von Länderrisiken aufgrund von am Kapitalmarkt beobachtbaren Risikoauswirkungen (indirekte Methode) existiert. So ist das Zinsspread-Modell eine weitere Methode zur Beurteilung von Länderrisiken. Es beruht auf der Annahme, daß an einem effizienten Kapitalmarkt die Aufschläge gegenüber dem risikofreien Zins ein Maß für das objektiv bestehende Ausfallrisiko eines Landes darstellen.[320] Unterschiedliche Spreads können somit als Grundlage für eine marktorientierte Länderriskobeurteilung dienen.

Die dritte Feststellung besteht darin, daß beim Vorliegen eines effizienten Kapitalmarktes ein Rating keine neuen Informationen mehr verbreiten kann, da alle Marktteilnehmer bereits sämtliche Informationen besitzen. Eine Wohlfahrtssteigerung durch Rating-Urteile ist in der neoklassischen Finanzierungstheorie nicht mehr möglich. Nur wenn ein informationsineffizienter Markt vorliegt, wird der Theorie zufolge ein Rating von Nutzen sein. Die Überprüfung einer empirischen Studie ergab jedoch, daß eine Veränderung des Ratings zu statistisch erheblichen Spreadveränderungen führt, was somit auf einen zusätzlichen Informationsgehalt des Ratings hinweist. Allerdings beweisen andere empirische Studien eher das Gegenteil und behaupten, daß dem Markt diese veröffentlichten Informationen bereits vor der Ankündigung von Ratingveränderungen durch die Ra-

---

[320] Vgl. SAUNDERS, A., Determinants, 1986, S. 13.

ting-Agenturen bekannt sind. Den Rating-Agenturen wird in diesem Zusammenhang sogar eine destabilisierende Wirkung auf den Kapitalmarkt zugeschrieben.

Ein viertes Ergebnis resultiert aus dem direkten Vergleich zwischen den konventionellen Länderratings der Agenturen Moody´s bzw. Standard & Poor´s und den *bond*-Markt-Spreadveränderungen der Kapitalmärkte, am Beispiel der Asienkrise. Alle in der Asienkrise betroffenen Länder wurden viel zu optimistisch bewertet und erst viel zu spät mit einem *non-investment-grade* von den Rating-Agenturen versehen. Die Rating-Agenturen haben selbst erkannt, daß sie das Ausmaß der Asienkrise nicht realistisch eingeschätzt haben und versuchen deshalb neue Ansätze für eine effizientere Früherkennung von Länderrisiken zu entwicklen, die sich allerdings erst in den Anfängen befinden.

Die zentrale Frage dieser Arbeit, nach der Effizienz der unterschiedlichen Verfahren zur Beurteilung von Länderrisiken, läßt sich nicht eindeutig beantworten. Die zusätzliche Informationsversorgung der Marktteilnehmer durch Länderratings verbessert die Transparenz der Märkte und trägt so zu einer Homogenisierung der Erwartungen und damit letztlich zu einer Vervollkommnung der Kapitalmärkte bei.[321] Weist der Kapitalmarkt jedoch eine hohe Informationseffizienz auf, so ist damit ein geringer Informationsgehalt von Ratings verbunden.

Allerdings darf das nicht unmittelbar zu einer Ablehnung von konventionellen Länderratings verleiten, denn dies würde ansonsten zu einem Informationsparadoxon führen. Vernachlässigen nämlich alle Marktteilnehmer aufgrund dieser Schlußfolgerung die Informationsauswertung, so verliert der Kapitalmarkt zwangsläufig seine Effizienz.

Es bleibt abschließend festzuhalten, daß auch in Zukunft noch so vollkommene Verfahren und Methoden zur Beurteilung von Länderrisiken keine „hellseherischen" Prognosen erstellen können. Sowohl Rating-Agenturen als auch effiziente Kapitalmärkte können aber dazu beitragen, Länderrisiken transparent zu machen und auf diese Weise den Gefahren aus der grenzüberschreitenden Kreditvergabe entgegenzuwirken.

---

[321] SÜCHTING, J., Finanzmanagement, 1989, S. 340 f.

7 ABSTRACT

A number of results can be summarised.

Firstly it has to be stated that there are a number of different procedures and methods for assessing country risk, of which, however, only the methods of the commercial players have been able to become generally accepted in practice. These are above all the ratings of Moody's and Standard & Poor's. It has been possible to demonstrate the benefits of the ratings within the framework of neo-institutionalist financing theory. It was shown that the ratings are not only an instrument for reducing informational asymmetries, but also represent an appropriate sanctions mechanism in the event of a lack of willingness on the part of the borrower to provide information. In practice, however, the ratings had to suffer harsh criticism because of their lack of early detection of the Asian crisis.

Secondly it was shown that alongside the rating – as a direct method of assessing country risk – there is also the possibility of assessing country risk on the basis of risk effects observable in the capital market (indirect method). Thus the interest spread model is a further method of assessing country risk. It is based on the assumption that in an efficiently functioning capital market the spreads in comparison with the risk-free interest rate represent a gauge for the objectively existing default risk of a particular country.[322] Different spreads can thus serve as a basis for a market-oriented country risk assessment.

The third point to be made is that if there is an efficiently functioning capital market a rating can provide no more new information, as all the players in the market are already in possession of all the information. An increase in prosperity through ratings assessments is no longer possible in neo-classic financing theory. According to the theory, only when the market is inefficient in terms of information will a rating be of benefit. The review of one recent empirical study showed, however, that a change in the rating leads to changes in the spread which are statistically relevant, which thus indicates an additional informational content in the rating. Other empirical studies admittedly rather show the opposite and claim that this published information is already known to the market before the announcement of rating changes by the rating agencies. In this con-

---

[322] Vgl. SAUNDERS, A., Determinants, 1986, S. 13.

nection the rating agencies are even accused of having a destabilising effect on the capital market.

The fourth effect results from the direct comparison between the conventional country ratings of Moody's or Standard & Poor's and the capital markets' bond spreads, as for example during the Asian crisis. Nevertheless all the countries affected by the Asian crisis were rated far too optimistically and were finally given, far too late, a non-investment grade by the rating agencies. The rating agencies themselves recognised that they had not assessed the scale of the Asian crisis realistically enough and are thus endeavouring to develop new approaches towards more efficient early detection of country risk, although these new approaches are as yet still in their early stages.

The central question regarding the efficiency of the various procedures for assessing country risk cannot be answered with a clear-cut verdict. The additional supply of information for the players in the market coming from country ratings improves the transparency of the markets and thus contributes towards an homogenisation of expectations and therefore in the final analysis towards a refinement of the capital markets.[323] However, if the capital market is already highly efficient in terms of information, then this means that ratings have a lower level of informational content. This should however not lead one into immediately rejecting conventional country ratings, as this would otherwise result to an informational paradox – if all the players in the market were, because of this conclusion, to neglect this assessment of information, then the efficiency of the capital market would inevitably be impaired.

Finally it has to be pointed out that, in the future as much as in the past, no procedures and methods for assessing country risk, however well-developed they may be, can produce "clairvoyant" forecasts. However, both rating agencies like Moody's or Standard & Poor's and efficient capital markets can contribute to making country risks more transparent and in this way counteract the hazards involved in cross-border lending.

---

[323] SÜCHTING, J., Finanzmanagement, 1989, S. 340 f.

ANHANG

ABBILDUNG 5:

INDIKATOREN ZUR BESTIMMUNG DES WIRTSCHAFTLICHEN RISIKOS

Wirtschaftliche Risikokomponenten		
	Risikodeterminanten	**Indikatoren**
Binnen-wirtschaft	Entwicklungsstand der Volkswirtschaft	▪ BSP, BSP pro Kopf ▪ BIP, BIP pro Kopf
	Wirtschaftsstruktur	▪ Anteil des primären/ sekundären/ tertiären Sektors am BSP oder BIP
	Kapitalbildung	▪ Sparquote ▪ Investitionsquote
	Ressourcenausstattung	▪ Explorierbare Vorkommen
	Finanz- und Geldpolitik	▪ Inflationsrate ▪ Geldmengenwachstum
	Öffentliche Finanzen	▪ Einnahmen-/ Ausgabenstruktur ▪ Staatsverschuldung
	Reales Wirtschaftswachstum	▪ Wachstumsraten
	Beschäftigungslage	▪ Arbeitslosenquote ▪ Erwerbstätigenquote
Außen-wirtschaft	Handels- und Leistungsbilanz	▪ Import- und Exportstruktur und –abhängigkeiten ▪ Importdeckung ▪ Compressibility Ratio
	Kapitalbilanz	▪ Kapitalimporte, Direktinvestitionen
	Auslandsverschuldung/ Schuldenbedienung	▪ Absolute Verschuldungshöhe ▪ Schuldenstruktur ▪ Auslandsverschuldung zu BSP ▪ Debt-Service-Ratio ▪ Debt-Ratio ▪ Compressibility Ratio
	Internationale Liquidität	▪ Währungsreserven, ▪ IMF-Reserveposition ▪ Offene Kreditlinien ▪ Rohstoffreserven als Einnahmepotential

QUELLE: IN ANLEHNUNG AN KLOSE, S., ASSET-MANAGEMENT, 1996, S. 41

ABBILDUNG 6:

URSACHEN DER ZAHLUNGSUNFÄHIGKEIT AUF LÄNDEREBENE

Exportausfälle:

- Fallende Exportpreise
- Beeinträchtigung der inländischen Export-
  produktion durch Unruhen oder Kriege, Mißernten, Erschöpfung der Bergbauvorkommen
  oder fehlenden Input

Importzunahmen:

- Erhöhung der Importe infolge überbewerte-
  ter Währung, Importpreisschocks oder Aus-
  falls inländischer importsubstituierender
  Produktion, z. B. infolge einer Dürre

Steigende Zinssätze:

- Sie bewirken einen höheren Zinsendienst

Rückgang der Transfers:

- Rückgang der Überweisungen im Ausland
  arbeitender Gastarbeiter
- Rückgang bilateraler Transfers z. B. infolge
  einer Unzufriedenheit der Geberländer mit
  der politischen Lage (bei Unruhen, Verletzung der Menschenrechte)

Rückgang der Kapitalimporte:

- Infolge Vertrauensverlust ausländischer Di-
  rekt- und Portfolioinvestoren
- Kreditrationierung seitens der Geschäftsban-
  ken
- Bruch mit bi- oder multilateralen
  Geldgebern

Erhöhung der Kapitalexporte:

- Kapitalflucht infolge Vertrauensverlust in
  die politische oder wirtschaftliche Stabilität
- Erhöhte Amortisation der Auslandsschuld
  als Folge ungünstiger Fristigkeitsstruktur

Vielfältige Einflüsse gehen auch von Wechselkursänderungen aus, deren Ursachen sowohl interner
als auch externer Natur sein können.

Quelle: In Anlehnung an Lichtlen, M., Management, 1997, S. 37

ABBILDUNG 7:

INDIKATOREN ZUR BESTIMMUNG DES POLITISCHEN RISIKOS

Politische Risikokomponente	
Risikodeterminanten	**Indikatoren**

innen-politische Stabilität

Stabilität der politischen Führung	<ul><li>Regierungsform- und effektivität</li><li>Häufigkeit von Regierungswechseln</li><li>Einfluß von Militär</li><li>Gesetzliche Ordnung</li><li>Innere Ordnung</li></ul>
Soziale Verhältnisse	<ul><li>Unterschiede in Sprache</li><li>Verschiedenartigkeit der Religion</li><li>Diskriminierung aufgrund von Rasse</li><li>Einkommens- und Vermögensstruktur</li></ul>
Ausländermentalität	<ul><li>Verstaatlichung</li><li>Enteignung ausländischer Wirtschaftssubjekte</li></ul>

außen-politische Stabilität

Gefahr militärischer Konflikte	<ul><li>Territoriale Spannungen</li><li>Ideologischer Dissens</li><li>Beziehungen zu Nachbarstaaten</li></ul>
Realisierbarkeit außenpolitischer Zielsetzungen	<ul><li>Einbettung in internationale Organisationen und Abkommen</li><li>Beziehung zu Weltmächten</li></ul>

QUELLE: IN ANLEHNUNG AN KLOSE, S., ASSET-MANAGEMENT, 1996, S. 48

ABBILDUNG 8:

ENTWICKLUNG DES LÄNDERRISIKOS AM BEISPIEL BRASILIENS (1979-1983)

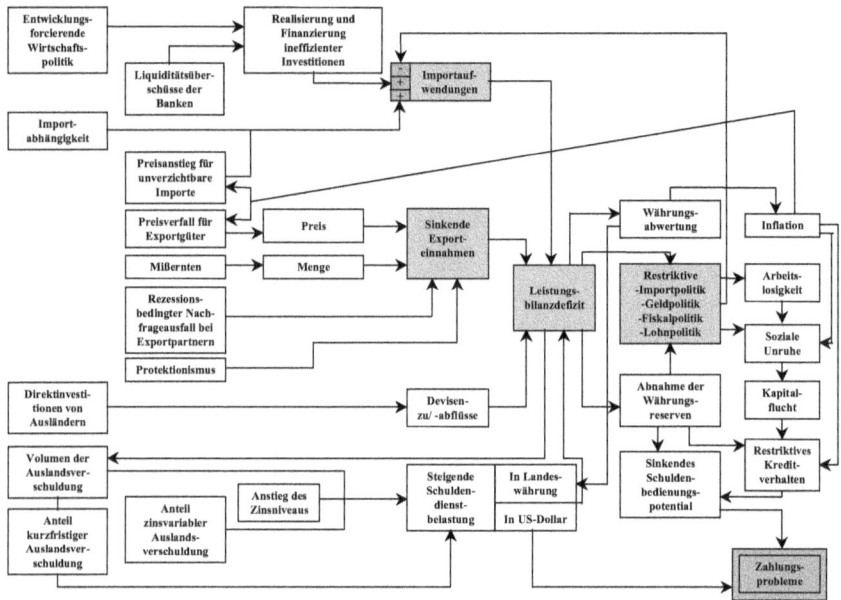

Entwicklungsforcierende Wirtschaftspolitik

Realisierung und Finanzierung ineffizienter Investitionen

Liquiditätsüberschüsse der Banken

Importaufwendungen

Importabhängigkeit

Preisanstieg für unverzichtbare Importe

Preisverfall für Exportgüter

Preis

Sinkende Exporteinnahmen

Währungsabwertung

Inflation

Mißernten

Menge

Leistungsbilanzdefizit

Restriktive
-Importpolitik
-Geldpolitik
-Fiskalpolitik
-Lohnpolitik

Arbeitslosigkeit

Rezessionsbedingter Nachfrageausfall bei Exportpartnern

Soziale Unruhe

Protektionismus

Direktinvestitionen von Ausländern

Devisenzu-/-abflüsse

Abnahme der Währungsreserven

Kapitalflucht

Volumen der Auslandsverschuldung

Sinkendes Schuldenbedienungspotential

Restriktives Kreditverhalten

Anteil kurzfristiger Auslandsverschuldung

Anteil zinsvariabler Auslandsverschuldung

Anstieg des Zinsniveaus

Steigende Schuldendienstbelastung

In Landeswährung

In US-Dollar

Zahlungsprobleme

QUELLE: IN ANLEHNUNG AN BAXMANN, U., LÄNDERRISIKEN, 1985, S. 79

ABBILDUNG 9:
SEKUNDÄRQUELLEN ZUR INFORMATIONSGEWINNUNG ÜBER DIE WIRTSCHAFTLICHE UND POLITISCHE ENTWICKLUNG VON LÄNDERN

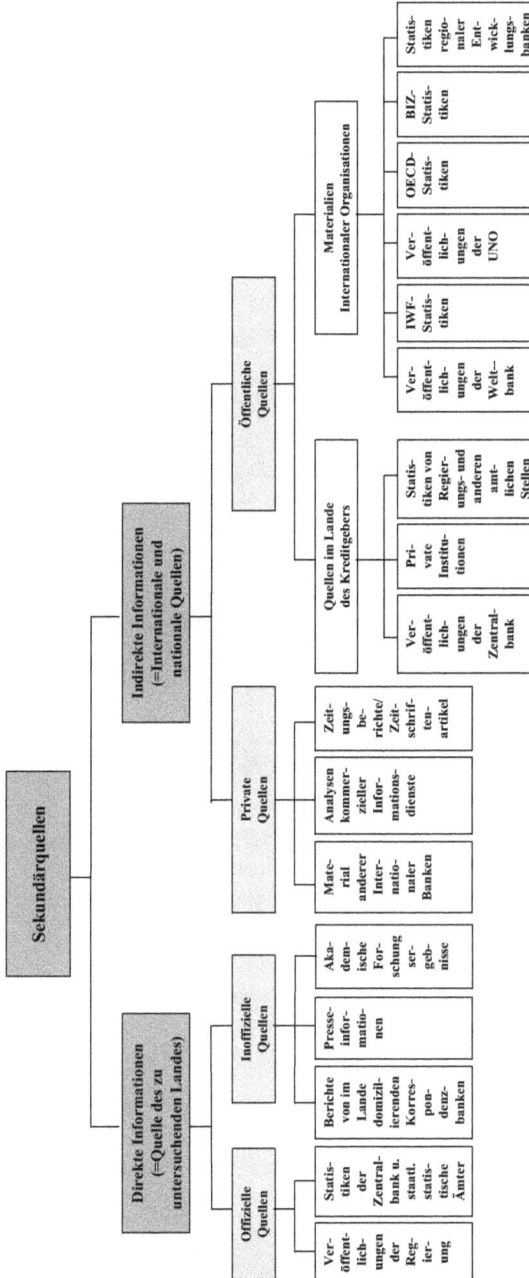

Sekundärquellen

Direkte Informationen (=Quelle des zu untersuchenden Landes)

- **Offizielle Quellen**
  - Veröffentlichungen der Regierung
  - Statistiken der Zentralbank u. staatl. statistische Ämter
- **Inoffizielle Quellen**
  - Berichte von im Lande domizilierenden Korrespondenzbanken
  - Presseinformationen
  - Akademische Forschungsergebnisse

Indirekte Informationen (=Internationale und nationale Quellen)

- **Private Quellen**
  - Material anderer Internationaler Banken
  - Analysen kommerzieller Informationsdienste
  - Zeitungsberichte/Zeitschriftenartikel
- **Öffentliche Quellen**
  - **Quellen im Lande des Kreditgebers**
    - Veröffentlichungen der Zentralbank
    - Private Institutionen
    - Statistiken von Regierungs- und anderen amtlichen Stellen
  - **Materialien Internationaler Organisationen**
    - Veröffentlichungen der Weltbank
    - IWF-Statistiken
    - Veröffentlichungen der UNO
    - OECD-Statistiken
    - BIZ-Statistiken
    - Statistiken regionaler Entwicklungsbanken

QUELLE: IN ANLEHNUNG AN CRAMER, M., KREDITGESCHÄFT, 1981, S. 141

ABBILDUNG 10:

PUBLIKATIONEN SUPRANATIONALER ORGANISATIONEN

Weltbank

- World Tables
- World Debt Tables
- Borrowing in International Capital Markets
- Weltentwicklungsbericht
- Jahres- und Vierteljahresberichte
- World Bank Atlas

Bank für Internationalen Zahlungsausgleich (BIZ)

- Euro-currency and other international banking developments (vierteljährliche Aufstellung der Forderungen und Verbindlichkeiten von Geschäftsbanken im BIZ-Berichtsgebiet gegenüber diversen Ländern)
- International Banking (halbjährliche Fälligkeitsstatistik der Bankausleihungen
- BIZ-Jahresberichte

Internationaler Währungsfonds (IWF)

- International Financial Statistics
- Balance of Payments Yearbook
- IMF-Survey
- IWF-Jahresberichte
- Government Finance Statistics Yearbook
- Direction of Trade Statistics
- Direction of Trade Yearbook
- Working Papers

Organisation für wirtschaftliche Zusammenarbeit und Entwicklung (OECD)

- Financial Market Trends
- Main economic indicators
- Development co-operation (Jahresbericht des Development Assistence Committee DAC)
- Geographical distribution of financial flows of developing countries

Vereinte Nationen (UN)

- Statistical Yearbook
- Monthly Bulletin of Statistics
- Demographic Yearbook
- Yearbook of International Trade Statistics
- Trade and Development Report

QUELLE: EIGENE DARSTELLUNG

ABBILDUNG 11:

DARSTELLUNG EINES TYPISCHEN STRUKTURIERT QUALITATIVEN LÄNDERBERICHTS

I   **Wirtschaft**
  A. Hintergrund
    1. natürliche Ressourcen
    2. Demographie
    3. Sonstiges

  B. Kurzfristige Indikatoren
    1. Binnenwirtschaftliche Indikatoren
      a. Bruttosozialprodukt
      b. Inflation
      c. Staatsbudget
      d. Konsum
      e. Investition
    2. Außenwirtschaftliche Indikatoren
      a. Handelsbilanz
      b. Leistungsbilanz
      c. Kapitalbilanz und/ oder Analyse der externen Verschuldung
      d. Sonstige
         -Diversifikation der Exporte
         -Kompressibilität der Importe
         -Bedeutendste Handelspartner

  C. Langfristige Indikatoren
    1. Management-Qualität
    2. Investitionen im Humankapital
    3. Langfristige Aussichten:
      a. Binnenwirtschaftliche Indikatoren
      b. Außenwirtschaftliche Indikatoren

II   *Politik*

  A. Politische Stabilität
    1. Regierungsform
    2. Regelmäßigkeit von Regierungswechseln
    3. Homogenität der Bevölkerung

  B. Externe Beziehungen
    1. Qualität der Beziehungen mit bedeutenden Handelspartnern
    2. Qualität der Beziehungen zum kreditgebenden Land

  C.   Langfristige soziale und politische Trends

Quelle: In Anlehnung an Stockner, W., Bewertung, 1984, S. 137

ABBILDUNG 12:

HÄUFIG EINBEZOGENE STATISTIKEN IN STRUKTURIERT QUALITATIVEN VERFAHREN

I   Zahlungsbilanz

    A. Handelsbilanz
       1. Exporte
       2. Importe

    B. Leistungsbilanz

    C. Kapitalbilanz

II   Externe Kennzahlen

    A. Debt Service Ratio

    B. Importdeckung

III   Währungsreserven

IV   Interne Bedingungen

    A. Bruttosozialprodukt (real)
       1. Absolut
       2. Wachstumsrate

    B. Konsumentenpreise

    C. Budgetdefizit (Überschuß)

    D. Geldangebot

Quelle: In Anlehnung an Stockner, W., Bewertung, 1984, S. 137

ABBILDUNG 13:

RATING SYMBOLE VON MOODY'S UND STANDARD & POOR'S

Standard & Poor's			Moody's	
Kurzfristig	**Langfristig**	**Kategorie**	**Langfristig**	**Kurzfristig**
A⁻1+	AAA		Aaa	prime-1
	AA+		Aa1	
	AA		Aa2	
	AA-	**investment**	Aa3	
	A+	**grade**	A1	
A⁻1	A		A2	
	A-		A3	
A⁻2	BBB+		Baa1	prime-2
	BBB		Baa2	
A⁻3	BBB-		Baa3	prime-3
B	BB+		Ba1	not prime
	BB		Ba2	
	BB-		Ba3	
	B+		B1	
	B		B2	
	B-		B3	
	CCC+	**speculative**	Caa	
	CCC	**grade**	Ca	
	CCC-		C	
	CC			
	C			
	C-			
	D			
C				
D				

Quelle: Moody's und Standard & Poor's

ABBILDUNG 14:

ERKLÄRUNGEN DER RATING-SYMBOLE VON LANGFRISTIGEN
SCHULDVERSCHREIBUNGEN NACH MOODY'S

Aaa

Die Anleihen sind von höchster Qualität. Sie bergen das geringste Anlagerisiko in sich und werden allgemein als *gilt-edged* („mit Goldrand") bezeichnet. Die Zinszahlungen sind durch eine große oder ungewöhnlich stabile Sicherheitsmarge gewährleistet, und das Kapital ist ungefährdet. Obwohl sich die verschiedenen Sicherungselemente durchaus verändern können, werden ihre Änderungen – soweit vorhersehbar – höchstwahrscheinlich nicht die fundamental starke Stellung solcher Emissionen beeinträchtigen.

Aa

Die Anleihen sind in jeder Hinsicht von hoher Qualität. Zusammen mit den Aaa bewerteten Anleihen sind sie allgemein als Emissionen von hohem Qualitätsgrad *(high grade bonds)* bekannt. Sie sind niedriger als die bestbewerteten Anleihen eingestuft, da die Sicherheitsmarge geringer sein kann als bei Aaa-Papieren oder die Veränderungen bei den Sicherheiten höher ausfallen können oder aufgrund von anderen Faktoren, die das langfristige Risiko etwas größer erscheinen lassen als bei Aaa-Schuldverschreibungen.

A

Die Anleihen weisen viele aus Anlegersicht günstige Merkmale auf und werden als Schuldverschreibungen von gehobenem mittleren Qualitätsgrad *(upper-medium grade)* angesehen. Die Zins- und Kapitalrückzahlung sichernden Faktoren werden als angemessen betrachtet, gleichwohl können einzelne Aspekte festzustellen sein, die eine Anfälligkeit für Beeinträchtigungen in der Zukunft vermuten lassen.

Baa

Die Anleihen sind von mittlerer Qualität, d. h. sie sind weder stark noch schwach gesichert. Die Sicherheit der Zins- und Tilgungsrückzahlungen erscheint gegenwärtig angemessen, jedoch können bestimmte Sicherungselemente fehlen oder langfristig mit Unsicherheiten behaftet sein. Solche Anleihen lassen überragende Investmentqualität vermissen und bergen bereits spekulative Elemente in sich.

Ba

Die Anleihen zeigen spekulative Elemente, sie können nicht als sicher eingestuft werden. Die Sicherung des Kapitaldienstes ist häufig von mäßiger Qualität, sie scheint weder für schlechte noch für gute Bedingungen gewährleistet. Die Anleihen sind durch Ungewißheit über ihren Status gekennzeichnet.

B

Die Anleihen besitzen i.d.R. nicht die Merkmale einer erstrebenswerten Anlage. Die Sicherheit des Kapitaldienstes oder anderer Anleihebedingungen kann gering sein.

Caa

Die Anleihen sind von geringer Bonität, sie können bereits im Verzug sein, oder der Kapitaldienst scheint gefährdet.

Ca

Die Anleihen haben hochspekulativen Charakter, sie sind häufig notleidend oder anderweitig belastet.

C

Anleihen dieser Kategorie sind von geringster Qualität und dürften kaum Anlagewürdigkeit erlangen können.
Bei den Rating-Kategorien Aa bis B bedeutet der Modifikator 1, daß die Anleihen im oberen Drittel der Kategorie einzuordnen ist, während 2 und 3 das mittlere bzw. untere Drittel anzeigen.

QUELLE: IN ANLEHNUNG AN BÜSCHGEN, H. E:, FINANZMANAGEMENT, 1997, S. 412

ABBILDUNG 15:

ERKLÄRUNGEN DER RATING-SYMBOLE VON KURZFRISTIGEN
SCHULDVERSCHREIBUNGEN NACH MOODY'S

Prime-1

Emittenten (oder unterstützende Institutionen) besitzen hervorragende Fähigkeiten zur Rückzahlung ihrer kurzfristigen Verbindlichkeiten, sie zeichnen sich durch viele der folgenden Merkmale aus:

- Führende Stellung in einem gut etablierten Wirtschaftszweig,
- Hohe Kapitalrentabilität,
- Konservative Kapitalstruktur mit nur moderater Fremdkapitalquote und stark besicherten Aktiva,
- Hoher Grad der Deckung laufender Zahlungsverpflichtungen und hoher *cash flow*,
- Sicherer Zugang zu den Finanzmärkten und zu alternativen Liquiditätsquellen.

Prime-2

Emittenten (oder unterstützende Institutionen) besitzen starke Fähigkeiten zur Rückzahlung ihrer vorrangigen kurzfristigen Verbindlichkeiten, dies wird durch das Vorliegen vieler der o. a. Merkmale dokumentiert, jedoch in geringerem Ausmaß. Ertragstrends und Deckungskennzahlen sind zwar solide, jedoch eher Schwankungen unterworfen. Die Kapitalstruktur ist angemessen, jedoch stärker abhängig von externen Bedingungen. Alternative Liquiditätsquellen sind reichlich vorhanden.

Prime3

Emittenten (oder unterstützende Institutionen) besitzen ausreichende Fähigkeiten zur Rückzahlung oder vorrangigen kurzfristigen Verbindlichkeiten. Branchen- und Marktentwicklungen wirken sich stärker aus. Schwankungen von Ertrag und Rendite können sich im Sicherungsgrad der Schulden niederschlagen und unter Umständen einen vergleichsweise hohen Verschuldungsgrad erforderlich machen. Alternative Liquiditätsquellen sind in angemessenem Umfang vorhanden.

Not-prime-Emittenten fallen in keine der obigen Kategorien, d. h., sie genügen den Anforderungen an ein *prime rating* nicht.

QUELLE: IN ANLEHNUNG AN BÜSCHGEN, H. E., FINANZMANAGEMENT, 1997, S. 413

ABBILDUNG 16:
AKTUELLES SOVEREIGN CREDIT RATING VON MOODY'S

Sovereign	Bonds and notes		Sovereign	Bonds and notes	
	long-term	short-term		long-term	short-term
Alderny	Aaa	P-1	Jordan	Ba3	NP
Andorra	WR	WR	Kazakhstan	B1	NP
Argentina	B1	NP	Korea	Baa2	P-3
Australia	Aa2	P-1	Kuwait	Baa1	P-2
Austria	Aaa	P-1	Latvia	Baa2	P-3
Bahamas	A3	P-2	Lebanon	B1	NP
Bahamas	Aaa	P-1	Liechtenstein	Aaa	P-1
Bahrain	Ba1	NP	Lithuania	Ba1	NP
Bahrain	A3	P-2	Luxembourg	Aaa	P-1
Barbados	Baa2	P-2	Macau	Baa1	P-2
Belgium	Aa1	WR	Malaysia	Baa3*	NP*
Belize	Ba2	NP	Malta	A3	P-2
Bermuda	Aa1	P-1	Mauritius	Baa2	P-2
Bolivia	B1	NP	Mexico	Baa3	NP
Brazil	B2	NP	Moldova	B3	NP
Bulgaria	B2	NP	Monaco	WR	WR
Canada	Aa1	P-1	Morocco	Ba1	NP
Cayman Islands	Aa3	P-1	Netherlands	Aaa	P-1
Chile	Baa1	P-2	New Zealand	Aa2	P-1
China	A3	P-2	Nicaragua	B2	NP
Colombia	Ba2	-	Norway	Aaa	P-1
Costa Rica	Ba1	NP	Oman	Baa2	P-2
Croatia	Baa3	P-3	Pakistan	Caa1	NP
Cuba	Caa1	NP	Panama	Baa1	P-2
Cyprus	A2	P-1	Panama	Aa2	P-1
Czech Republic	Baa1	P-2	Papua New Guinea	B1	NP
Denmark	Aaa	P-1	Paraguay	B2	NP
Dominican Rep.	B1	NP	Peru	Ba3	NP
Ecuador	Caa2	NP	Philippines	Ba1	NP
Egypt	Ba1	NP	Poland	Baa1	P-2
El Salvador	Baa3	P-3	Portugal	Aa2	WR
Estonia	Baa1	P-2	Qatar	Baa2	P-2
Eurozone	Aaa	P-1	Romania	B3	NP
Fiji Islands	Ba2	NP	Russia	B3	NP
Finland	Aaa	P-1	San Marino	WR	WR
France	Aaa	P-1	Sark	Aaa	P-1
Germany	Aaa	P-1	Saudi Arabia	Baa3	P-3
Gibraltar	Aaa	P-1	Singapore	Aa1	P-1
Greece	A2	P-2	Slovakia	Ba1	NP
Guatemala	Ba2	NP	Slovenia	A3	P-2
Guernsey	Aaa	P-1	South Africa	Baa3	-
Honduras	B2	NP	Spain	Aa2	WR
Hong Kong	A3	P-2*	Sweden	Aa1	P-1
Hungary	Baa1	P-2	Switzerland	Aaa	P-1
Iceland	Aa3	P-1	Taiwan	Aa3	P-1
India	Ba2	NP	Thailand	Baa3	NP
Indonesia	B3	NP	Trinidad & Tobago	Baa3	NP
Iran	B2	NP	Tunisia	Baa3	-
Ireland	Aaa	P-1	Turkey	B1*	NP
Isle of Man	Aaa	P-1	Turkmenistan	B2	NP
Israel	A2	P-1	Ukraine	Caa1	NP
Italy	Aa3	WR	United Arab. Em.	A2	P-2
Jamaica	Ba3	NP	United Kingdom	Aaa	P-1
Japan	Aa1	P-1	USA	Aaa	P-1
Jersey	Aaa	P-1	Uruguay	Baa3	P-3

*	Under review for possible upgrade.
**	Under review for possible downgrade.
WR	Withdrawn (d. h. Rating zurückgenommen)
NP	Not published

QUELLE: MOODY'S, RATING LIST, 4. AUGUST 2000, HTTP://WWW.MOODYS.COM/REPLDATA/RATINGS/
RATSOV.HTM

ABBILDUNG 17:

AKTUELLES SOVEREIGN CREDIT RATING VON STANDARD & POOR'S

sovereign	local currency			foreign currency		
	long-term rating	*outlook*	*short-term rating*	*long-term rating*	*outlook*	*short-term rating*
Argentina	BBB-	Stable	A-3	BB	Stable	B
Australia	AAA	Stable	A-1+	AA+	Stable	A-1+
Austria	AAA	Stable	A-1+	AAA	Stable	A-1+
Barbados	AA-	Stable	A-1+	A-	Stable	A-2
Belgium	AA+	Stable	A-1+	AA+	Stable	A-1+
Bermuda	AA	Stable	A-1+	AA	Stable	A-1+
Bolivia	BB+	Stable	B	BB-	Stable	B
Brazil	BB	Positive	B	B+	Positive	B
Bulgaria	BB-	Positive	B	B+	Positive	B
Canada	AAA	Stable	A-1+	AA+	Stable	A-1+
Chile	AA	Stable	A-1+	A-	Stable	A-1
China	BBB	Stable	A-3			
Colombia	BBB	Negative	A-3	BB	Negative	B
Cook Islands	B	Stable	B	B	Stable	B
Costa Rica	BB+	Positive	B	BB	Positive	B
Croatia	BBB+	Negative	A-2	BBB-	Negative	A-3
Cyprus	AA-	Stable	A-1+	A	Stable	A-1
Czech Republic	AA-	Stable	A-1+	A-	Stable	A-2
Denmark	AAA	Stable	A-1+	AA+	Positive	A-1+
Dominican Republic	SD	SD	B+		Stable	C
Ecuador (Republic Of)	SD	SD				
Egypt	A-	Negative	A-1	BBB-	Negative	A-3
El Salvador	BBB+	Stable	A-2	BB+	Stable	B
Estonia	A-	Stable	A-2	BBB+	Stable	A-2
Finland	AA+	Stable	A-1+	AA+	Stable	A-1+
France	AAA	Stable	A-1+	AAA	Stable	A-1+
Germany	AAA	Stable	A-1+	AAA	Stable	A-1+
Hellenic Republic	A-	Positive	A-1	A-	Positive	A-1
Hong Kong	A+	Stable	A-1	A	Stable	A-1
Hungary	A	Positive	A-1	BBB+	Positive	A-2
Iceland	AA+	Stable	A-1+	A+	Positive	A-1+
India	BBB	Stable	A-3	BB	Positive	B
Indonesia	B-	Stable	C	SD	SD	
Ireland	AA+	Stable	A-1+	AA+	Stable	A-1+
Isle Of Man	AAA	Stable	A-1+	AAA	Stable	A-1+
Israel	AA-	Positive	A-1+	A-	Positive	A-1
Italy	AA	Stable	A-1+	AA	Stable	A-1+
Jamaica	B+	Stable	B		Stable	
Japan	AAA	Stable	A-1+	AAA	Stable	A-1+
Jordan	BBB-	Stable	A-3	BB-	Stable	B
Kazakhstan	BB	Stable	B	BB-	Stable	B
Korea	A	Positive	A-1	BBB	Positive	A-3
Kuwait	A+	Stable	A-1+	A	Stable	A-1

AKTUELLES SOVEREIGN CREDIT RATING VON STANDARD & POOR'S

sovereign	*local currency*			*foreign currency*		
	long-term rating	*outlook*	*short-term rating*	*long-term rating*	*outlook*	*short-term rating*
Latvia	A-	Stable	A-2	BBB	Stable	A-3
Lebanon	BB Watch	Neg	B	BB- Watch	Neg	B
Liechtenstein	AAA	Stable	A-1+	AAA	Stable	A-1+
Lithuania	BBB+	Stable	A-2	BBB-	Stable	A-3
Luxembourg	AAA	Stable	A-1+	AAA	Stable	A-1+
Malaysia	A	Stable	A-1	BBB	Stable	A-3
Malta	AA-	Stable	A-1+	A	Stable	A-1
Mexico	BBB+	Positive	A-2	BB+	Positive	B
Mongolia	B	Stable	B		Stable	
Morocco	BBB	Stable	A-3	BB	Stable	B
Netherlands	AAA	Stable	A-1+	AAA	Stable	A-1+
New Zealand	AAA	Stable	A-1+	AA+	Negative	A-1+
Norway	AAA	Stable	A-1+	AAA	Stable	A-1+
Oman	BBB	Stable	A-3	BBB-	Stable	A-3
Pakistan	B+	Stable	B	B-	Stable	B
Panama	BB+	Stable	BB+		Stable	B
Papua New Guinea	BB	Stable	B	B+	Stable	B
Paraguay	BB-	Negative	B	B	Negative	C
Peru	BBB-	Stable	A-3	BB	Stable	B
Philippines	BBB+	Stable	A-2	BB+	Stable	B
Poland	A+	Stable	A-1	BBB+	Stable	A-2
Portugal	AA	Stable	A-1+	AA	Stable	A-1+
Qatar	BBB+	Stable	A-2	BBB	Stable	A-3
Romania	B	Stable	C	B-	Stable	C
Russia	B-	Stable	C	SD	SD	
Singapore	AAA	Stable	A-1+	AAA	Stable	A-1+
Slovak Republic	BBB+	Stable	A-2	BB+	Stable	B
Slovenia	AA	Stable	A-1+	A	Stable	A-1
South Africa	A-	Stable	A-2	BBB-	Stable	A-3
Spain	AA+	Stable	A-1+	AA+	Stable	A-1+
Suriname	B	Stable	B-		Stable	
Sweden	AAA	Stable	A-1+	AA+	Positive	A-1+
Switzerland	AAA	Stable	A-1+	AAA	Stable	A-1+
Taiwan	AA+	Stable	A-1+	AA+	Stable	A-1+
Thailand	A-	Stable	A-2	BBB-	Stable	A-3
Trinidad & Tobago	BBB+	Stable	A-2	BBB-	Stable	A-3
Tunisia	A	Stable	A-1	BBB	Stable	A-3
Turkey	B+	Positive	B	B+	Positive	B
United Kingdom	AAA	Stable	A-1+	AAA	Stable	A-1+
United States	AAA	Stable	A-1+	AAA	Stable	A-1+
Uruguay	BBB+	Stable	A-2	BBB-	Stable	A-3
Venezuela	B	Stable	B			

QUELLE: STANDARD & POOR'S, RATING LIST, 4. AUGUST 2000,
HTTP://WWW.STANDARDPOOR.COM/ RATINGS/SOVEREIGNS/INDEX.HTM

ABBILDUNG 18:

BONITÄTSKLASSEN DES FORELEND-INDEX

1	65 - 100	Guter Kreditnehmer, niedrigste Zinsen
2	60 - 64	Guter Kreditnehmer, etwas höhere Zinsen
3	55 - 59	Höhere Zinsen, strenge Vertragsverhandlungen, Staatsbürgerschaft bei Darlehen an Private
4	50 - 54	Höchste Zinsen, Bürgschaft einer ausländischen Bank oder Regierung notwendig
5	45 - 49	Keine neuen Kredite, Verlängerung der Laufzeit vermeiden, Rückzahlung anstreben
6	40 - 44	Verzögerung der Zinszahlungen verhindern, Strategie für Umschuldungsverhandlungen vorbereiten
7	35 - 39	Vorbereitung von Notmaßnahmen, Aufwand an Zeit und Kosten zur Sicherung der Rückzahlung begrenzen
8	0 - 34	Durchführung von Notmaßnahmen, Aufwand an Zeit und Kosten zur Sicherung der Rückzahlung begrenzen

QUELLE: IN ANLEHNUNG AN GÜNDLING, H.; EVERLING, O., VERFAHREN, 1993, S. 592

ABBILDUNG 19:

EUROMONEY COUNTRY RISK SCORES

September 1999

Country	Rank	Score	Country	Rank	Score	Country	Rank	Score
Luxembourg	1	98,68	Lebanon	69	47,30	Cameroon	137	28,13
Switzerland	2	97,79	El Salvador	70	47,19	Niger	138	27,99
United States	3	94,51	Brazil	71	46,77	Equatorial Guinea	139	27,99
Norway	4	94,13	Jordan	72	46,21	Mauritania	140	27,73
Germany	5	93,40	Costa Rica	73	45,57	Laos	141	27,36
Netherlands	6	92,41	Peru	74	44,63	Tajikistan	142	27,23
France	7	92,32	Belize	75	43,21	Cambodia	143	27,20
Denmark	8	92,30	Barbados	76	42,78	Chad	144	27,17
Austria	9	91,80	Sri Lanka	77	42,74	Haiti	145	26,57
United Kingdom	10	91,15	Venezuela	78	41,33	Djibouti	146	26,50
Japan	11	90,87	Jamaica	79	41,02	Tanzania	147	26,47
Finland	12	90,25	Tonga	80	40,62	Zambia	148	26,39
Ireland	13	90,00	St Lucia	81	40,57	Yemen	149	26,18
Sweden	14	89,81	Kazakhstan	82	40,30	Georgia	150	25,69
Belgium	15	89,53	Dominican Republic	83	40,30	Guinea	151	25,68
						Central African		
Canada	16	88,76	Seychelles	84	40,08	Republic	152	25,57
Singapore	17	88,52	Western Samoa	85	39,86	Nicaragua	153	25,43
Australia	18	88,10	Bolivia	86	39,84	Congo	154	24,97
Italy	19	87,07	Papua New Guinea	87	39,74	Mozambique	155	24,53
Spain	20	86,58	Vanuatu	88	39,59	Ethiopia	156	24,52
New Zealand	21	85,37	Bulgaria	89	39,33	Angola	157	24,44
Iceland	22	84,44	Guatemala	90	38,97	Namibia	158	23,33
			St Vincent & the					
Portugal	23	82,84	Grenadines	91	38,86	Russia	159	23,02
Taiwan	24	80,68	Ghana	92	38,77	FYR Macedonia	160	22,99
Bermuda	25	77,95	Solomon Islands	93	38,34	Madagascar	161	22,27
Hong Kong	26	77,10	Paraguay	94	37,80	Rwanda	162	20,88
Greece	27	76,82	Romania	95	36,85	New Caledonia	163	20,24
United Arab						Democratic Rep of		
Emirates	28	75,01	Maldives	96	36,76	Congo/Zaire	164	19,95
Cyprus	29	73,54	Vietnam	97	36,49	Sudan	165	19,03
Malta	30	71,10	Indonesia	98	36,43	Myanmar/Burma	166	18,70
Israel	31	70,97	Iran	99	35,68	Albania	167	18,60
						Sao Tome &		
Kuwait	32	70,01	Kenya	100	35,39	Principe	168	17,80
Slovenia	33	68,99	Grenada	101	35,04	Sierra Leone	169	17,64
Qatar	34	68,81	Syria	102	34,98	Guinea-Bissau	170	17,43
Saudi Arabia	35	66,56	Bangladesh	103	34,93	Antigua & Barbuda	171	16,63
Bahamas	36	65,84	Dominica	104	34,86	Libya	172	16,06
Bahrain	37	65,12	Senegal	105	34,47	Somalia	173	16,00
Chile	38	65,01	Uganda	106	34,46	Yugoslavia	174	14,83
Hungary	39	64,27	Swaziland	107	34,41	Liberia	175	14,37
South Korea	40	64,13	Nepal	108	34,33	Surinam	176	12,20
Oman	41	63,28	Zimbabwe	109	33,93	Cuba	177	7,39
Poland	42	62,55	Macau	110	33,71	Afghanistan	178	5,06
Mauritius	43	61,99	Honduras	111	33,46	Iraq	179	4,00
Brunei	44	61,62	Gabon	112	33,36	North Korea	180	1,02
Czech Republic	45	60,85	Azerbaijan	113	33,36			
Malaysia	46	57,05	Ecuador	114	32,90			
			Kyrghystan/Kyrgyz					
Thailand	47	56,03	Republic	115	32,79			
Mexico	48	55,73	Guyana	116	32,50			
Tunisia	49	55,30	Algeria	117	32,32			
China	50	55,09	Bhutan	118	32,23			
Philippines	51	54,38	Lesotho	119	32,21			
Estonia	52	54,26	Mali	120	31,87			
Uruguay	53	54,20	Turkmenistan	121	31,81			
Argentina	54	53,77	Burkina Faso	122	31,44			
South Africa	55	53,67	Côte d'Ivoire	123	31,23			
Morocco	56	52,96	Gambia	124	31,18			
Croatia	57	52,60	Nigeria	125	31,17			
Egypt	58	52,28	Cape Verde	126	31,09			
India	59	51,80	Moldova	127	31,02			
Botswana	60	51,10	Mongolia	128	30,83			
Colombia	61	50,79	Ukraine	129	30,71			
Latvia	62	50,41	Malawi	130	30,27			
Trinidad & Tobago	63	49,37	Pakistan	131	30,18			
Slovakia	64	49,04	Benin	132	29,72			
Lithuania	65	48,74	Togo	133	29,71			
Turkey	66	48,54	Armenia	134	29,63			

QUELLE: EIGENE DARSTELLUNG ANHAND DER DATEN VON EUROMONEY

ABBILDUNG 20:
EMPIRISCHE STUDIEN ZUM INFORMATIONSGEHALT DES RATINGS

Verfasser	Untersuchungsgegenstand	Verwendete Daten	Ergebnis
Katz (1974)	Reaktionen von Anleiherenditen auf Rating-Änderungen	Monatliche Renditen aus 115 Anleihen von 66 Elektrizitätswerken (1966-1972)	Signifikante Anpassung erst nach der Rating-Änderung: ⇒ Informationsgehalt
Grier / Katz (1976)	Anleihekursreaktionen auf Rating-Änderungen	Durchschnittliche Monatskurse für 56 Anleihen von 34 öffentlichen Versorgungsunternehmen und für 40 Anleihen von 32 Industrieunternehmen (1966-1972)	Signifikante Preisänderungen im Monat der Rating-Änderung und in den drei folgenden Monaten: ⇒ Informationsgehalt
Hettenhouse / Sartoris (1976)	Reaktionen von Anleihekursen auf Rating-Änderungen	Monatliche Anleiherenditen öffentlicher Versorgungsunternehmen mit insgesamt 96 Rating-Änderungen (1963-1974)	Signifikante Kursanpassung vor Ankündigung der Rating-Änderung: ⇒ kein Informationsgehalt
Weinstein (1977)	Reaktionen von Anleihekursen auf Rating-Änderungen	Monatliche risikobereinigte Renditen von 62 Anleihen öffentlicher Versorgungs- und Industrieunternehmen (1962-1974)	Anpassungen bereits 6-18 Monate vor der Rating-Änderung und keine signifikanten Anpassungen im Monat nach der Änderung: ⇒ kein Informationsgehalt
Wakeman (1978)	Reaktionen von Anleihe- und Aktienrenditen auf Rating-Änderungen	Monatliche Aktienrenditen und wöchentliche Anleiherenditen unterschiedlicher Emittenten (1962-1975)	Keine signifikanten Anpassungen bei Anleihen oder Aktien im Zeitpunkt der Rating-Änderung ⇒ kein Informationsgehalt
Ingram / Brooks / Copeland (1983)	Reaktionen von Anleihekursen auf Rating-Änderungen	Monatliche Renditen der Anleihen von 127 Städten und Gemeinden (1976-1979)	Signifikante Kursanpassungen im Monat der Rating-Änderung, wobei die Herabstufungen schwächer als bei Heraufstufungen: ⇒ Informationsgehalt
Wansley / Clauretie (1985)	Reaktionen von Anleihekursen auf Rating-Änderungen und Aufnahmen von Anleihen auf S&P Überwachungsliste	Monatliche Anleihe- und Aktienrenditen	Signifikante negative Kursreaktionen bei Herabstufungen: ⇒ Informationsgehalt von Herabstufungen Keine signifikanten Reaktionen bei Heraufstufungen: ⇒ kein Informationsgehalt bei Heraufstufungen
Zaima / McCarthy (1988)	Reaktionen von Aktien- und Anleihekursen auf Rating-Änderungen	Wöchentliche Aktien- und Anleiherenditen	Signifikante Kursreaktionen bei Aktien und Anleihen nur bei Herabstufungen: ⇒ Informationsgehalt von Herabstufungen
Hand / Holthausen / Leftwich (1992)	Aktien- und Anleihekursreaktionen auf Rating-Änderungen und Hinzufügen zur Überwachungsliste und Berücksichtigung von Erwartungen bezüglich der Änderungen	Tägliche Aktien- und Anleiherenditen (1977-1982)	Signifikante negative Aktien- und Anleiherenditen bei der Ankündigung von Herabstufungen und Aufnahmen in Überwachungsliste: ⇔ Informationsgehalt Keine signifikante Aktienreaktion, leicht positive Anleihereaktion bei Heraufstufungen: ⇒ kaum Informationsgehalt von Heraufstufungen

QUELLE: IN ANLEHNUNG AN GRIER, P.; KATZ, S., DIFFERENTIAL EFFECTS, 1976, HETTENHOUSE, G.; SARTORIS, W., ANALYSIS, 1976, WANSLEY, J.; CLAURETIE, T., IMPACT, 1985, HAND, J.; HOLTHAUSEN, R.; LEFTWICH, R., EFFECT, 1992, STEINER, M.; HEINKE, V., RATING, 1996, S. 586-588

ABBILDUNG 21:

BEISPIELE FÜR SPREADAUSSCHLÄGE NACH RATINGVERÄNDERUNGEN

Land	Datum	Rating-Agentur	Old Rating	=>	New Rating	Old Spread	=>	New Spread
Downgrades								
Kanada	02. Jun 94	Moody's	Aaa	=>	Aa1	13	=>	22
Türkei	22. Mrz 94	Standard & Poor's	BBB	=>	BB	371	=>	408
Upgrades								
Brasilien	30. Nov 94	Moody's	B2	=>	B1	410	=>	326
Venezuela	07. Aug 91	Moody's	Ba3	=>	Ba1	274	=>	237

QUELLE: IN ANLEHNUNG AN CANTOR, R.; PACKER, F., DETERMINANTS, 1996, S. 45

ABBILDUNG 22:

RATING-HISTORIE VON MOODY´S UND STANDARD & POOR´S VOR UND WÄHREND DER ASIENKRISE

Moody´s

Datum	Rating Aktion	Bonds and Notes	
		Langfristig	kurzfristig
Hong Kong			
19/02/98	Negativer Ausblick	A3	
19/02/98	Downgrade		P-2
12/01/98	Unter Aufsicht für mögliches downgrade		P-1
21/12/97	Bestätigt	A3	
08/11/89	Downgrade	A3	
09/11/88	Rating erteilt	A2	
30/07/84	Rating erteilt		P-1
Indonesien			
09/01/98	Downgrade	B2	
21/12/97	Downgrade	Ba1	Not prime
27/10/97	Negativer Ausblick	Baa3	Not prime
14/03/94	Rating erteilt	Baa3	

Standard & Poor´s

Datum	Rating Aktion	Bonds and Notes	
		langfristig	kurzfristig
05/11/97	Bestätigt	A+	A1+
14/05/97	Upgrade	A+	A1+
07/12/92	Laufendes Rating	A	A1
27/01/98	Downgrade, („negative watch")	B	
09/01/98	Downgrade, („negative watch")	BB	
31/12/97	Downgrade, negativer Ausblick	BB+	
10/10/97	Downgrade	BBB–	
01/04/95	Upgrade	BBB	
01/07/92	Laufendes Rating	BBB–	

RATING-HISTORIE VON MOODY'S UND STANDARD & POOR'S VOR UND WÄHREND DER ASIEN-KRISE

Moody's		Bonds and Notes		Standard & Poor's		Bonds and Notes	
Datum	Rating Aktion	langfristig	kurzfristig	Datum	Rating Aktion	langfristig	kurzfristig
Korea							
09/01/98	Unter Aufsicht für mögliches downgrade	Ba1		18/02/98	Upgrade	BB+	B
21/12/97	Downgrade	Ba1		16/01/98	Unter Aufsicht–unsicher	B+	C
10/12/97	Downgrade, unter Aufsicht für mögliches Downgrade	Baa2	NP	22/12/97	Downgrade, („negative watch")	B+	
27/11/97	Downgrade mit negativem Ausblick	A3	P-3	11/12/97	Downgrade, („negative watch")	BBB–	A3
27/10/97	Downgrade mit negativem Ausblick		P-2	25/11/97	Downgrade, („negative watch")	A–	A2
05/08/97	Unter Aufsicht für mögliches Downgrade		P-1	24/10/97	Downgrade mit negativem Ausblick	A+	A1
23/06/97	Negativer Ausblick	A1	P-1				
04/04/90	Upgrade	A1		01/05/95	Upgrade	AA–	
02/10/95	Rating erteilt		P-1	01/01/92	Laufendes Rating	A+	A1+
18/11/86	Rating erteilt	A2					
Malaysia							
02/05/98	Negativer Ausblick	A2	P-2	23/12/97	Downgrade mit negativem Ausblick	A	A1
21/12/97	Downgrade	A2	P-2	01/09/97	Negativer Ausblick	A+	A1+
02/10/95	Rating erteilt	A1		29/12/94	Upgrade	A+	A1+
15/03/95	Upgrade	A2	P-1	01/01/92	Laufendes Rating	A	A1
20/01/95	Unter Aufsicht für mögliches Upgrade	A2					
11/03/93	Upgrade	A2					
12/03/90	Upgrade	A3					
18/11/86	Rating erteilt	Baa1					

QUELLE: MOODY'S, WHITE PAPER, 1999, S. 18-19

ABBILDUNG 23:

VERGLEICH DER RATINGS VON MOODY'S UND STANDARD & POOR'S

VOR DER ASIEN-KRISE

	Moody's	Standard & Poor's
Thailand	A3	A
Korea	A1	AA-
Indonesien	Baa3	BBB
Malaysia	A1	A+
Hong Kong	A3	A+

QUELLE: MOODY'S, PAPER, 1998, S. 9

ABBILDUNG 24:

MOODY'S LÄNDERRATING FÜR THAILAND

Thailand

Ratings and Contacts

Category	Moody's Rating
Country Ceiling: Fgn Currency Debt	Ba1/NP
Country Ceiling: Fgn Currency Bank Deposits	B1/NP
Thailand, Kingdom of	
Issuer Rating	Ba1
Government Bonds -Fgn Curr	Ba1
Government Bonds -Dom Curr	Baa1

Commercial Paper	NP
Analyst	**Phone**
Thomas J. Byrne/New York	1.212.553.1653
Steven A. Hess/New York	
Vincent J. Truglia/New York	

Savings and Investment (% of GDP)[1]

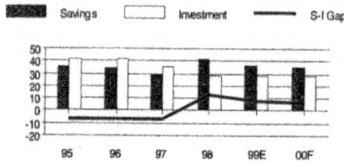

Legend: ▨ Savings   ▢ Investment   —— S-I Gap

[Chart: Savings and Investment (% of GDP), y-axis from -20 to 50, x-axis years 95, 96, 97, 98, 99E, 00F]

[1] Gross national savings includes foreign income/payments.

Foreign Currency Debt % Exports[1]

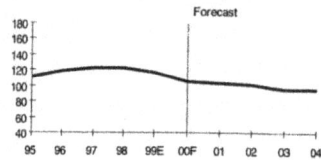

[Chart: Foreign Currency Debt % Exports, y-axis from 40 to 180, x-axis years 95, 96, 97, 98, 99E, 00F, 01, 02, 03, 04, with Forecast marker]

[1] Total current account receipts.

Domestic Statistics

Thailand

	1995	1996	1997	1998	1999E	2000F
General Government Balance/GDP	2.6	1.7	-2.7	-5.5	-7.2	-6.8
Real GDP Growth Rate	8.8	5.9	-1.8	-10.0	3.5	4.0
Inflation (CPI)	5.0	5.8	5.8	5.7	8.1	0.5
Gross Investment/GDP	41.5	40.9	36.1	28.2	28.2	28.2

International Statistics

Thailand

	1995	1996	1997	1998	1999E	2000F
Foreign Curr. Debt (US$ Bil.)	82.6	90.5	93.4	86.2	86.2	83.7
Foreign Curr. Debt/GDP	49.1	49.9	62.7	79.4	65.6	62.6
Foreign Curr. Debt/Exports[1]	110.7	118.9	121.7	123.4	116.6	105.8
Debt Service Ratio[2]	11.1	11.9	15.2	22.7	19.5	18.0
Current Acct. Bal./GDP	-8.1	-8.1	-2.1	13.2	8.4	6.4
Trade Balance/GDP	-8.9	-9.1	-3.1	11.3	7.0	4.6

[1] Total current account receipts. [2] (Interest + Currently Maturing Long-term Debt)/Total Current Account Receipts.

Opinion

Rating Rationale

Thailand's Ba1 foreign currency country ceiling for bonds and notes, B1 foreign currency country ceiling for bank deposits, and Not-Prime short-term ratings reflect a stabilization of the balance of payments and exchange rate from the precarious situation a year ago and signs that economic activity is starting to recover from the drastic downturn in 1998. The risk of an external payments moratorium has receded, but the relatively large differential between the country ceilings for bonds and that for bank deposits indicates financial system fragility and also reflects the incomplete status of the restructuring and recapitalization of the banking system.

Thailand's Baa1 rating for baht-denominated government securities, assigned in September 1998, takes into account past fiscal prudence and low public sector debt entering the 1997 crisis, and also takes into account foreseeable fiscal costs of restructuring the financial system.

Rating Outlook

The rating outlook was recently changed to positive from stable for Thailand's foreign currency country ceilings of Ba1 for bonds and of B1 for bank deposits. The change primarily reflects Thailand's improved external liquidity position. The persistence of the Chuan Leekpai government in advancing its economic restructuring program is apparently beginning to demonstrate results but, in view of continued uncertainty in regional and global economic conditions, the larger task of achieving a durable economic recovery will require the sustained implementation of the new institutional framework for strengthening the financial sector and restructuring corporate debt.

ABBILDUNG 25:

MOODY'S LÄNDERRATING FÜR INDONESIEN

Indonesia

Ratings and Contacts

Category	Moody's Rating	Analyst	Phone
Country Ceiling: Fgn Currency Debt	B3/NP	Steven A. Hess/New York	1.212.553.1653
Country Ceiling: Fgn Currency Bank Deposits	Ca/NP	Thomas J. Byrne/New York	
Indonesia, Republic of		Vincent J. Truglia/New York	
Issuer Rating -Dom Curr	B3		
Government Bonds	B3		

Savings and Investment (% of GDP)

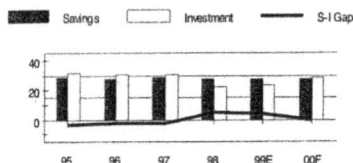

■ Savings □ Investment ━ S-I Gap

[1] Gross national savings includes foreign income/payments.

Foreign Currency Debt % Exports

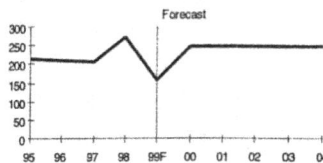

[1] Total current account receipts.

Domestic Statistics

Indonesia

	1995	1996	1997	1998	1999F	2000F
Central Government Balance/GDP[1]	0.6	0.2	0.1	-6.0	-5.8	-5.0
Real GDP Growth Rate	8.2	8.0	4.6	-13.7	1.2	4.5
Inflation (CPI)	9.4	8.0	6.2	59.0	15.0	7.0
Gross Investment/GDP	31.9	30.7	31.3	22.0	23.0	28.0

[1] Fiscal year begins 4/1.

International Statistics

Indonesia

	1995	1996	1997	1998	1999F	2000F
Foreign Curr. Debt (US$ Bil.)	118.8	124.6	135.5	154.5	155.0	156.0
Foreign Curr. Debt/GDP	58.8	54.8	63.0	170.6	114.0	97.7
Foreign Curr. Debt/Exports[1]	215.1	211.4	204.9	270.3	156.3	245.6
Debt Service Ratio[2]	30.0	35.6	37.0	56.8	50.4	45.5
Current Acct. Bal./GDP	-3.2	-3.4	-2.3	4.9	2.9	0.3
Trade Balance/GDP	3.2	2.6	4.7	21.8	20.6	18.8

[1] Total current account receipts. [2] (Interest + Currently Maturing Long-term Debt)/Total Current Account Receipts.

Opinion

Rating Rationale

Moody's March 1998 downgrade of Indonesia's foreign currency country ceilings to B3 for bonds and notes and Ca for bank deposits reflected the rapid deterioration of the country's external liquidity position as a result of lack of foreign creditor confidence, capital flight, and a deterioration in export performance. The corporate and banking sectors faced, and continue to face, extreme financial difficulties, while the cost to the government of dealing with the crisis has resulted in an escalation in public sector debt.

During the past year, Indonesia has implemented a large number of reforms in its economic policies. These have been aimed at rationalizing the foreign trade regime, reducing the power of monopolies, and improving monetary policy. In addition, programs for bank recapitalization and corporate debt restructuring are in place, although progress in the latter area has been slow.

Political challenges remain formidable following parliamentary elections in June and the selection of a new president in October. It is still unclear how effective the new government will be in continuing the reform process and maintaining national unity.

Indonesia's ability to continue to meet its external obligations rests critically on receiving support from official foreign creditors. Hesitant implementation of reforms and corruption have in the past led to doubt about continued disbursement of such financial support. Although net international reserves have risen, Indonesia still needs the support of foreign official creditors to maintain its external payments. While the current account balance is in surplus, it is not especially large.

Rating Outlook

The B3/Ca ratings reflect the low level of liquidity and the uncertain outlook for future external support and should remain stable until these factors change. Continuation of a relatively smooth political transition will be supportive of the ratings.

ABBILDUNG 26:

MOODY'S LÄNDERRATING FÜR KOREA

Korea

Ratings and Contacts

Category	Moody's Rating
Country Ceiling: Fgn Currency Debt	Baa3*/NP*
Country Ceiling: Fgn Currency Bank Deposits	Ba2*/NP*
Korea, Republic of	
Government Bonds -Fgn Curr	Baa3*
Government Bonds -Dom Curr	Baa1

* Placed under review for possible upgrade on August 23, 1999

Analyst	Phone
Thomas J. Byrne/New York	1.212.553.1653
Steven A. Hess/New York	
Vincent J. Truglia/New York	

Savings and Investment (% of GDP)[1]

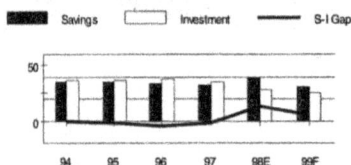

Savings   Investment   S-I Gap

[1] Gross national savings includes foreign income/payments.

Foreign Currency Debt % Exports[1]

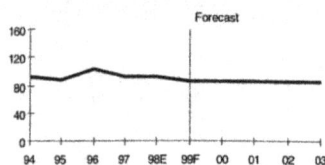

Forecast

[1] Total current account receipts.

Domestic Statistics

Korea

	1994	1995	1996	1997	1998E	1999F
General Government Balance/GDP[1]	0.5	0.4	0.3	0.0	-5.0	-4.0
Real GDP Growth Rate	8.6	8.9	7.1	5.5	-5.5	6.0
Inflation (CPI)	6.2	4.5	4.9	4.5	7.5	3.0
Gross Investment/GDP	36.1	37.0	38.2	35.0	27.9	25.6

[1] Consolidated Non-Financial Public Sector.

International Statistics

Korea

	1994	1995	1996	1997	1998E	1999F
Foreign Curr. Debt (US$ Bil.)[1]	105.7	130.7	160.7	154.4	152.9	143.6
Foreign Curr. Debt/GDP	27.8	28.6	33.1	34.2	48.1	37.6
Foreign Curr. Debt/Exports[2]	92.2	86.6	102.3	91.4	91.0	85.7
Debt Service Ratio[3]	8.0	7.7	8.7	8.6	16.1	22.4
Current Acct. Bal./GDP	-1.0	-1.9	-4.7	-1.9	12.6	5.2
Trade Balance/GDP	-0.8	-1.0	-3.1	-0.9	13.7	7.5

[1] Does not include offshore borrowing. [2] Total current account receipts. [3] (Interest + Currently Maturing Long-term Debt)/Total Current Account Receipts.

Opinion

Rating Rationale

The foreign currency country ceiling for long-term bonds and notes was upgraded to Baa3 from Ba1 and the foreign currency country ceiling for bank deposits was also upgraded to Ba2 from Caa1 in February 1999, concluding the review announced in mid-December 1998.

Liquid official foreign exchange reserves were replenished to more than $60 billion by mid-1999 and are expected to rise further, providing cover for short-term debt and principal payments falling due in the next year. Economic adjustment shifted the current account into an enormous surplus in 1998, and the surplus may narrow but remain large in 1999. Korea retains the policy-based support of the IMF and World Bank, but will no longer depend on financial support from these institutions, allowing sizable net repayments in 1999.

Rating Outlook

The ratings were placed for review for possible upgrade in late August, 1999. Factors that will be considered in the rating review include the outlook for continued strength of the external payments position and the vulnerability of the export sector to external shocks over the near to medium term. Confidence factors which affect the behavior of resident and foreign investors will also be taken into account. These will help determine the extent to which economic recovery is durable. The likelihood that a strongly positive real GDP growth rate will be achieved this year does not necessarily ensure a fundamental strengthening of the financial and industrial sectors, which may require more political cohesion and further advancement of structural reforms

LITERATURVERZEICHNIS

AKERLOF, GEORGE (Market, 1970):
The market for „lemons": Quality, uncertainity and the market mechanism, in: Quarterly Journal of Economics, Vol. 84, 1970, S. 488-500

ANGELINI, ANTHONY; ENG, MAXIMO; LEES, FRANCIS (Risk, 1979):
International lending, risk & euromarkets, London 1979

ARROW, KENNETH (Agency Problems, 1985):
Agency problems and financial contracting, Englewood Cliffs 1985

AVRAMOVIC, DRAGOSLAV (Growth, 1964):
Economic growth and external debt, Baltimore 1964

BACKHAUS, K.; MEYER, MARGIT (Ansätze, 1986):
Ansätze zur Beurteilung von Länderrisiken, in: Funk, Joachim; Laßmann, Gert (Hrsg.), Langfristiges Anlagengeschäft, Risiko-Management und Controlling, Düsseldorf u. a. 1986, S. 39-59

BACKHAUS, KLAUS; MEYER, MARGIT (Risiko-Barometer, 1984):
Internationale Risiko-Barometer, in: Absatzwirtschaft, Heft 10, 1984, S. 64-71

BÄCKER, ARNO (Länderrisiken, 1998):
Politische und ökonomische Länderrisiken. Eine theoretische und empirische Analyse, Amsterdam 1998

BALLEIS, SIEGFRIED (Bedeutung, 1984):
Die Bedeutung politischer Risiken für ausländische Direktinvestitionen, Nürnberg 1984

BARRETT, MATTHEW; IRVINE, LAURA (Euromoney, 1988):
The Euromoney Country Risk Ratings, in: Euromoney, September 1988, S. 232-234

BAUM, B. (Rating-Systeme, 1987):
Rating-Systeme und ihre Methoden. Mitteilungen an das Institut für das Spar-, Giro- und Kreditwesen an der Universität Bonn, Nr. 26, Dezember 1987

BAXMANN, ULF (Länderrisiken, 1985):
Bankbetriebliche Länderrisiken – unter besonderer Berücksichtigung ihrer potentiellen Früherkennung und kreditpolitischen Behandlung, München 1985

BEERS, DAVID (Sovereign Default, 1999):
Sovereign Defaults: Hiatus in 2000, in: Standard & Poor´s Credit Week, 22. Dezember 1999, S. 9-21

BEHRENWALDT, UDO (Funktionen, 1996):
Funktionen des Rating für Anleger, in: Büschgen, Hans E; Everling, Oliver (Hrsg.), Handbuch Rating, Wiesbaden 1996, S. 291-304

BIRD, GRAHAM (Approaches, 1986):
New approaches to country risk, in: Lloyds Bank Review, Nr. 162, 1986, S. 1-16

BLICKLE-LIEBERSBACH, MARINA (Agency-Theorie, 1990):
Agency-Theorie: Rahmenbedingungen und Entlohnung, Ulm 1990

BREUER, ROLF E. (Bedeutung, 1992):
Die Bedeutung des Rating am Kapitalmarkt, in: Engels, Wolfram (Hrsg.), Anlegerschutz
und Vertrauensbildung an Finanzmärkten, Frankfurt / Main 1992, S. 75-88

BREWER, THOMAS (Political Risk, 1985):
Political risk studies in the future, in: Brewer, Thomas (Hrsg.), Political risk in international business, New York 1985, S. 337-349

BÜSCHGEN, HANS E. (Bankbetriebslehre, 1998):
Bankbetriebslehre, 5. Auflage, Wiesbaden 1998

BÜSCHGEN, HANS E. (Finanzmanagement, 1997):
Internationales Finanzmanagement, 3. Auflage, Frankfurt / Main 1997

BÜSCHGEN, HANS E. (Länderrisiken, 1985):
Länderrisiken und ihre bankgeschäftspolitische Bedeutung, in: Gebauer, Wolfgang (Hrsg.),
Öffentliche Finanzen und monetäre Ökonomie, Festschrift für Karl Häuser zur Vollendung
des 65. Lebensjahres, Frankfurt / Main, 1985, S. 333-352

BÜSCHGEN, HANS, E. (Risikomanagement, 1992):
Risikomanagement als Prüfstein im Wettbewerb, in: Forschung und Lehre, Nr. 2, 1992,
S. 80-90

BURDA, MICHAEL; WYPLOSZ, CHARLES (Makroökonomik, 1994):
Makroökonomik. Eine europäische Perspektive, München 1994

BURTON, F.; INOUE, H. (Appraisal, 1985):
An appraisal of the early-warning indicators of sovereign loan default in country risk
evaluation systems, in: Management International Review, Vol. 25, Nr. 1, 1985,
S. 45-56

CALVERLEY, JOHN (Country, 1985):
Country risk analysis, London 1985, S. 94

CANTOR, RICHARD; PACKER, FRANK (Determinants, 1996):
Determinants and impact of sovereign credit ratings, in: FRBNY, Economic Policy
Review, Oktober 1996, S. 37-54

CANTOR, RICHARD;PACKER, FRANK (Sovereign, 1995):
Sovereign credit ratings, in: FRBNY Current Issues in Economics and Finance, Vol. 1,
Nr. 3, Juni 1995, S. 1-6

CATAQUET, HAROLD (Country Risk, 1985):
Country risk analysis: Art, Science, and Scorcery?, in: Beihefte zu Kredit und Kapital,
Heft 8, 1985, S. 77-116

CIARRAPICO, ANNA (Country Risk, 1992):
Country risk: A theoretical framework of analysis, Dartmouth u. a. 1992

CLOES, ROGER (Länderrisiko, 1988):
Das Länderrisiko bei internationalen Kapitalbewegungen. Analysekonzepte und Bewältigungsstrategien, Köln 1988

CRAMER, MICHAEL (Kreditgeschäft, 1981):
Das internationale Kreditgeschäft der Banken, Wiesbaden 1981

CRUZ, IRMA (Methoden, 1993):
Methoden zur Beurteilung von Länderrisiken, in: Geld, Währung und Konjunktur, Nr. 3, 1993, S. 231-241

DOUKAS, J.; JALIVAND, A. (Sovereign, 1986):
Sovereign risk and international lending, in: Studies in Banking and Finance, Nr. 3, 1986, S. 131-145

DWORAK, BRIGITTE (Länderrisiko, 1985):
Das Länderrisiko als bankbetriebliches Problem, Berlin 1985

EATON, JONATHAN; GERSOWITZ, MARK (Country Risk, 1983):
Country risk: Economic aspects, in: Herring, Richard (Hrsg.), Managing international risks, New York 1983, S. 75-108

EATON, JONATHAN; GERSOWITZ, MARK (Theory, 1986):
The pure theory of country risk, in: European Economic Review, Vol. 30, 1986, S. 481-513

EDERINGTON, LOUIS H. (Split Ratings, 1986):
Why Split ratings occur, in: Financial Management, Vol. 15, 1986, S. 37-47

ERB, CLAUDE; HARVEY, CAMPBELL; VISKANTA, TADAS (Risk, 1996):
Political risk, economic risk, and financial risk, in: Financial Analysts Journal, November / Dezember 1996, S. 29-46

EUROMONEY (Country Risk, 1980):
The country risk league table, in: Euromoney, Februar 1980, S. 40-48

EUROMONEY (Country Risk, 1982):
The Euromoney country risk ratings, in: Euromoney, September 1982, S. 71-74

EUROMONEY (Pants, 1998):
Caught with their pants down, in Euromoney, Januar 1998, S. 51-53

EUROMONEY (Rating, 1997):
Rating good banks and bad banks, in: Euromoney, September 1997, S. 85-90

EUROMONEY (State, 1992):
How to rate a state, in: Euromoney, September 1992, S. 61-64

EVERLING, OLIVER (Credit, 1991):
Credit Rating durch internationale Agenturen: Eine Untersuchung zu den Komponenten und instrumentalen Funktionen des Rating, Wiesbaden 1991

EVERLING, OLIVER (Projektgesellschaft, 1991):
Projektgesellschaft für europäisches Rating, in: Die Bank, Nr. 6, 1991, S. 308-314

EVERTZ, DERIK (Länderrisikoanalyse, 1991):
Die Länderrisikoanalyse der Banken: Darstellung, Analyse und Beurteilung mit entscheidungs- und planungsorientiertem Schwerpunkt, Berlin 1991

FAMA, EUGENE F. (Markets, 1970):
Efficient capital markets: A Review of Theory and Empirical work, in: The Journal of Finance, Vol. 25, 1970, S. 383-417

FAMA, EUGENE F.; MILLER, M. (Theory, 1972):
The theory of finance, New York 1972

FELDERER, BERNHARD; HOMBURG, STEFAN (Makroökonomik, 1994):
Makroökonomik und neue Makroökonomik, 6. Aufl., Berlin u. a. 1994

FITCH IBCA (Rating, o. Jg.):
Sovereign Ratings. Rating Methodology, o. Jg., S. 1-15

FITCH IBCA (Agencies, 1998):
Asia: Agencies' harsh lessons in a crisis, 13. Januar 1998, S. 1-13

FITCH IBCA (Crisis, 1998):
Some thoughts on the crisis, 30. September 1998, S. 1-7

FREIMANN, ECKHARD (Zinsdifferenz, 1994):
Zinsdifferenz und Wechselkurserwartung. Eine empirische Untersuchung der Devisenmarkteffizienz unter besonderer Berücksichtigung des Einflusses der Ews-Leitkurse, Bayreuth 1994

FRIEDMAN, I., (View, 1980):
A contrarian view of country risk, in: Institutional Investor, August 1980, S. 13-14

FUHRMANN, WILFRIED (Länderrisiko, 1984):
Länderrisiko, in: Wirtschaftswissenschaftliches Studium, Heft 3, März 1984, S. 135-136

GANN, JOCHEN (Investitionsentscheidungen, 1996):
Internationale Investitionsentscheidungen miltinationaler Unternehmungen. Einflußfaktoren, Methoden, Bewertung, Wiesbaden 1996

GLASCOCK, JOHN; DAVIDSON, WALLACE N.; HENDERSON, GLENN V. (Announcement, 1987): Announcement effects of Moody's Bond Rating changes on equity returns, in: Quarterly Journal of Business and Economics, Vol. 26, Nr. 3, Summer 1987, S. 67-78.

GOH, JEREMY; EDERINGTON, LOUIS H. (Bond Rating, 1993):
Is a bond rating downgrade bad news, good news or no news for stockholders?,
in: The Journal of Finance, Vol. 58, Nr. 5, Dezember 1993, S. 2001-2008

GRIER, PAUL; KATZ, STEVEN (Differential Effects, 1976):
Differential Effects of Bond Rating Changes among Industrial and Public Utility Bonds by
Maturity, in: The Journal of Business, Vol. 49, Nr. 1, Januar 1976, S. 226-239

GÜNDLING, HEIKE; EVERLING, OLIVER (Verfahren, 1993):
Verfahren zur Länderrisikobeurteilung, in: Die Bank, Heft 10, 1993, S. 590-595

HAAN, HORST DE (Risikopolitik, 1984):
Risikopolitik der internationalen Unternehmung, Gießen 1984

HAEGELE, MONROE (Market, 1980):
The market still knows best, in Euromney, Mai 1980, S. 121-128

HAEGELE, MONROE (Market, 1981):
Using a market determined spread as a guide, in: Ensor, Richard, Assessing country risk,
London 1981, S. 75-83

HAKE, BRUNO (Beri-Index, 1982):
Der Beri-Index, ein Hilfsmittel zur Beurteilung des wirtschaftspolitischen Risikos von
Auslandsinvestitionen, in: Lück, W; Trommsdorff, V. (Hrsg.): Internationalisierung der
Unternehmung als Problem der Betriebswirtschaftslehre, Berlin 1982, S. 463-473

HAND, JOHN; HOLTHAUSEN, ROBERT; LEFTWICH, RICHARD (Effect, 1992):
The effect of bond rating agency announcements on bond and stock prices,
in: The Journal of finance, Vol. 47, Nr. 2, Juni 1992, S. 733-752

HANER, FREDERIC THEODORE; EWING JOHN S. (Country Risk, 1985):
Country risk assessment. Theory and worldwide practice, New York u. a. 1985

HAX, HERBERT; HARTMANN-WENDELS, THOMAS; HINTEN, PETER V. (Entwicklung, 1988):
Moderne Entwicklung der Finanzierungstheorie, in: Christians, Wilhelm (Hrsg.), Finanzie-
rungshandbuch, Wiesbaden 1988, S. 689-713

HEFFERNAN, SHELAGH A. (Sovereign, 1986):
Sovereign risk analysis, London u. a. 1986

HETTENHOUSE, GEORGE W.; SARTORIS, WILLIAM L. (Analysis, 1976):
An analysis of the informational value of bond-rating changes, in: The Quarterly Review
of Economics and Business, Vol. 16, Nr. 2, 1976, S. 65-78

HIPLER, BIRGIT (Wertberichtigungen, 1996):
Wertberichtigungen bei Banken auf Grund von Länderrisiken, Dortmund, 1996

HIRSCH, ULRICH (Rating, 1996):
Rating ist objektiv subjektiv, in: Büschgen, H., Everling, O. (Hrsg.), Handbuch Rating,
Wiesbaden 1996, S. 657-672

HOFFMANN, PETER, (Bonitätsbeurteilung, 1991):
Bonitätsbeurteilung durch Credit Rating. Funktionsweise und Einsatzmöglichkeiten eines Instruments zur Optimierung von Investitions- und Finanzierungsprozessen, Berlin 1991

HORN, ERNST J. (Entwicklungen, 1994):
Neuere Entwicklungen auf dem deutschen Kapitalmarkt. Institutionen, Marktstrukturen und Marktergebnisse, in: Siebert, Horst (Hrsg.), Kieler Studien, Bd. 263, Tübingen 1994

HOUSE, RICHARD (Ratings, 1995):
Ratings trouble, in: Institutional Investor, Oktober 1995, S. 245-249

INSTITUTIONAL INVESTOR (Growth, 1997):
It's like growth stocks, in: Institutional Investor, September 1997, S. 177-181

INTERNATIONAL MONETARY FUND (Credit Ratings, 1999):
Annex V: Credit ratings and the recent crises, in: International Capital Markets, September 1999, S. 110-152, http://www.imf.org/external/pubs/ft/icm/1999/index.htm

INTERNATIONAL MONETARY FUND (Ratings, 1999):
Annex VI: Use of ratings in the regulatory process, in: International Capital Markets, September 1999, S. 153-162, http://www.imf.org/external/pubs/ft/icm/1999/index.htm

INTERNATIONAL MONETARY FUND (Crisis, 1999):
The asian crisis: Capital markets, dynamics and spillover, in: International Capital Markets, September 1999, II, S. 11-58,
http://www.imf.org/external/pubs/ft/icm/1999/index.htm

INTERNATIONAL MONETARY FUND (Emerging Markets, 1999):
Emerging markets in the new financial system: Nonstandard responses to external pressure and the role of the major credit rating agencies in global finacial markets, in: International Capital Markets, September 1999, V, S. 169-214,
http://www.imf.org/external/pubs/ft/icm/1999/index.htm

INTERNATIONAL MONETARY FUND (Emerging Markets, 1999a):
Emerging markets: The contraction in external financing and its impact on financial systems, in: International Capital Markets, September 1999, III, S. 59-81,
http://www.imf.org/external/pubs/ft/icm/1999/index.htm

INTERNATIONAL MONETARY FUND (Sector, 1999):
Financial sector crisis and restructuring. Lessons from Asia, in: Occasional Paper, Nr. 188, 1999, S. 1-103, http://www.imf.org/external/pubs/ft/icm/1999/index.htm

INTERNATIONAL MONETARY FUND (Summary, 1999):
Summary and conclusions, in: International Capital Markets, September 1999, VI, S. 215-226, http://www.imf.org/external/pubs/ft/icm/1999/index.htm

JARCHOW, HANS-JOACHIM; RÜHMANN, PETER (Außenwirtschaft, 1994):
Montäre Außenwirtschaft, 4. Aufl., Göttingen 1994

JOHANNSEN, SABINE; STEINBECK, HANS (Länderrisikobeurteilung, 1995):
Länderrisikobeurteilung in der Nord/LB, in: Sparkasse, Vol. 112, Nr. 10, 1995, S. 482-488

JUNGA, SIEGFRIED (Verschuldungskrise, 1991):
Verschuldungskrise und Besteuerung der Banken, Konstanz 1991

KERN, DAVID (Evaluation, 1985):
The evaluation of country risk and economic potential, Long Range Planning, Vol. 18, Nr. 3, 1985, S. 17-25

KLEIN, MARTIN (Bewertung, 1991):
Bewertung von Länderrisiken durch Optionspreismethoden, in: Kredit und Kapital, Vol. 24, Nr. 4, 1991, S. 484-507

KLEIN, MARTIN; BÄCKER, ARNO (Bonitätsprüfung, 1995):
Bonitätsprüfung bei Länderrisiken, in: Wirtschaftswissenschaftliches Studium, Heft 4, April 1995, S. 191 - 193

KLEIN, STEFAN (Aktien, 1999):
Aktien-Analysemethoden versus Effizienzmarkttheorie, Köln 1999

KLOSE, SEBASTIAN (Asset-Management, 1996):
Asset-Management von Länderrisiken, Münster 1995

KNIESE, WOLFGANG (Bedeutung, 1996):
Die Bedeutung der Rating-Analyse für deutsche Unternehmen, Wiesbaden 1996

KRÄMER-EIS, HELMUT (Evaluierung, o. Jg.):
Evaluierung hoheitlicher Länderrisiken, Lehrstuhl für Volkswirtschaftslehre, Jena o. Jg.

KRAYENBUEHL, THOMAS (Country, 1985):
Country risk, assessment and monitoring, 2. Auflage, Cambridge 1988

LEFFERS, BURKHARD (Rating, 1996):
Das Rating im Konsortialgeschäft der Banken, in Büschgen, H.; Everling, O. (Hrsg.), Handbuch Rating, Wiesbaden 1996, S. 345-372

LICHTLEN, MICHAEL F. (Management, 1997):
Management von Länderrisiken, Bern, Stuttgart und Wien 1997

LYONS, RONAN (Rating, 1996):
How many can play the rating game, in Euromoney, Mai 1996, S. 50-52

MEHLTRETTER, THORSTEN (Frühwarnsysteme, 1990):
Frühwarnsysteme für verschuldete Entwicklungsländer, Frankfurt 1990

MEYER, MARGIT (Konzepte, 1985):
Konzepte zur Beurteilung von Länderrisiken, in: Backhaus, Klaus (Hrsg.), Arbeitspapiere zur Betriebswirtschaftslehre des industriellen Anlagengeschäftes, Nr. 4, 3. Aufl., Mainz 1985

MEYER, MARGIT (Länderrisikokonzepte, 1987):
Was taugen Länderrisikokonzepte?, in: Harvard Manager, Heft 3, 1987, S. 64-73

MEYER, MARGIT (Beurteilung, 1987):
Die Beurteilung von Länderrisiken der internationalen Unternehmung, Berlin 1987

MEYER-PARPART, WOLFGANG (Ratingkriterien, 1996):
Ratingkriterien für Unternehmen, in: Büschgen, H.; Everling, O. (Hrsg.), Handbuch Rating, Wiesbaden 1996, S. 111-173

MICALLEF, JOSEPH V. (Risk, 1981):
Political risk assessment and the multinational, in: Ensor, Richard (Hrsg.), Assessing country risk, London 1981, S. 123-127

MOHR, ERNST (Theory, 1991):
Economic theory and sovereign debt, London u. a. 1991

MOODY'S INVESTORS SERVICE (Asia, 1999):
Is Asia unraveling? The hazards of mutual support to post-crisis asian credit ratings, Moody's Special Comment, Juni 1999, S. 1-11

MOODY'S INVESTORS SERVICE (Designation, 1999):
Designation on unsolicited ratings in which the issuer has not participated, November 1999, S. 1-4

MOODY'S INVESTORS SERVICE (Liquidity, 2000):
Applying liquidity lessons from the 1990's emerging market crises, Moody's Special Comment, April 2000, S. 1-4

MOODY'S INVESTORS SERVICE (Paper, 1998):
White Paper: Moody's rating record in the East Asian financial crisis, Moody's Special Comment, Mai 1998, S. 1-45

MOODY'S INVESTORS SERVICE (Rating, 2000):
Rating Methodology. Moody's practice with respect to hypothetical or confidential information, Januar 2000, S. 1-4

MOODY'S INVESTORS SERVICE (Handbook, 1998):
Moody's Handbook Sovereigns, New York 1998

MOODY'S INVESTORS SERVICE (Moody's Credit, 1998):
Moody's Credit Opinions. Governments & Supranationals, Dezember 1999

MOODY'S INVESTORS SERVICE, (Rating List, 2000):
Moody's rating list, 4. August 2000, S. 1,
http://www.moodys.com/repldata/ratings/ratsov.htm

MOODY'S INVESTORS SERVICE (Rating Methodology, 1999):
Rating Methodology. Opening the Black Box: The rating committee process at Moody's, Juli 1999, S. 1-7

MOODY'S INVESTORS SERVICE (World, 1999):
What have we learned? Explaining the World Financial Crisis, Moody's Special Comment, März 1999, S. 1-8

MORTON, KATHARINE (Image, 2000):
Time to face the image problem, in: Credit, Vol. 1, Nr. 3, April 2000, S. 24-30

MÜLLER, ANTON (Zahlungsunfähigkeit, 1990):
Internationale Zahlungsunfähigkeit souveräner Staaten, in: Kreditwesen, Vol. 23, 1990, S. 1160-1163

MÜLLER, ENNO (Konzeption, 1991):
Konzeption eines Bonitätsratingverfahrens für ausländische Unternehmen, Göttingen 1991

MURTFELD, MARTIN (Management, 1986):
Management von Länderrisiken, in: Herrhausen, Alfred (Hrsg.), Internationale Investitionsfinanzierungen, Frankfurt / Main 1986, S. 193-234

NAGY, PANCRAS J. (Country Risk, 1979):
Country Risk. How to assess, quantify and monitor it, London 1979

NAGY, PANCRAS J. (Country Risk, 1984):
Country Risk, London 1984

NAGY, PRANCAS (Quality, 1980):
A quality indicator for the international loan portfolio, in Euromoney, April 1980, S. 165-169

NAGY, PRANCAS (Developing country, 1978):
The richer developing country may be the poorer the risk, in: Euromoney, Heft 10, 1978, S. 144-149

NAHR, GOTTFRIED (Kreditrationierung, 1980):
Kreditrationierung, Information und Unsicherheit, München 1980

NIERMANN, WOLF (Zinsfutures, 1999):
Zinsfutures und Zinsoptionen, Köln 1999

NOWZAD, B. (Limits, 1983):
Lending and borrowing limits: the futile search for a formula, in: The Banker, Jg. 133, Februar 1983, S. 25-27

PERRIDON, LOUIS; STEINER, MANFRED (Finanzwirtschaft, 1995):
Finanzwirtschaft der Unternehmung, 8 Aufl., München 1995

POIGNANT-ENG, CORNELIA (Messung, 1992):
Messung von Länderrisiken aufgrund von Finanzmarktdaten, Zürich 1992

PRZYBYLSKI, ROGER (Aspekte, 1993):
Neuere Aspekte der Länderrisikobeurteilung internationaler Unternehmungen. Eine Untersuchung unter besonderer Berücksichtigung der Neuen Politischen Ökonomie und des Einsatzes von KI-Technologien, Hamburg 1993

RADCLIFFE, J. (Way, 1980):
The way to cope with poltical risk, in: Euromoney, Mai 1980, S. 147-148

RAFFEÉ, HANS; KREUTZER, RALF (Ansätze, 1984):
Ansätze zur Erfassung von Länderrisiken, in: Kortzfleisch, G. v.; Kaluza, B., Internationale und nationale Problemfelder der Betriebswirtschaftslehre, Berlin und München 1984, S. 27 - 64

RANDOW, PHILIPP VON (Rating, 1996):
Rating und Regulierung, in: Büschgen, H., Everling, O. (Hrsg.), Handbuch Rating, Wiesbaden 1996, S. 543 - 576

RASMUSEN, ERIC (Strategy, 1992):
The strategy of sovereign-debt renegotiation, in: Solberg, Ronald (Hrsg.), Country risk analysis, London und New York 1992, S. 161-185

RAWKINS, PAUL (Analytics, 1992):
The analytics of country reports and checklists, in: Solberg, Ronald L. (Hrsg.), Country risk analysis. A handbook, London und New York 1992, S. 27-51

REISEN, HELMUT; V. MALTZAN, JULIA VON (Sovereign, 1998):
Sovereign credit ratings, emerging market risk and financial market volatility, in: Intereconomics, Vol. 33, Nr. 2, März / April 1998, S. 73-82

RHEIN, WOLFRAM VON (Probleme, 1980):
Ausgewählte Probleme bei der Beurteilung von Länderrisiken, in: Sparkasse, 97. Jg., Heft 6, 1980, S. 180-186

RHEIN, WOLFRAM VON (Beurteilung, 1979):
Die Beurteilung des Länderrisikos im Auslandskreditgeschäft der Banken als Informationsproblem, München 1979

RUDOLF, JOACHIM (Analyse, 1989):
Die Analyse der Bonität und das Rating von Schweizerfranken-Anleihen, Bern und Stuttgart 1989

SAUNDERS, ANTHONY (Credit Risk, 1999):
Credit risk measurement. New approaches to value at risk and other paradigms, New York u. a. 1999

SAUNDERS, ANTHONY (Determinants, 1986):
The Determinants of country risk. A selective survey of the literature, in: Studies in Banking and Finance, Nr. 3, 1986, S. 1-38

SCHIELER MAX (Spread, 1991):
Der Spread als Länderrisikomaß. Eine Analyse der Bestimmungsfaktoren des Spreads unter besonderer Berücksichtigung der Länderrisiko-Komponenten, Bern u. a. 1991

SCHMIDT, REINHARD H. (Property-Rights-Analysen, 1988):
Neuere Property-Rights-Analysen in der Finanzierungstheorie, in: Budäus, D.; Gerum, E.; Zimmermann, G. (Hrsg.), Betriebswirtschaftslehre und Theorie der Verfügungsrechte, Wiesbaden 1988, S. 240-267

SCHULZ, J. (Ratings, 1996):
Ratings kommen – ob wir wollen oder nicht, in: Versicherungswirtschaft, Nr. 15,
Karlsruhe 1996, S. 1070-1072

SERFLING, KLAUS; BADACK, ELKE; JEITER, VERA (Möglichkeiten, 1996):
Möglichkeiten und Grenzen des Credit Rating, in: Büschgen, Hans E; Everling, Oliver
(Hrsg.), Handbuch Rating, Wiesbaden 1996, S. 629-655

SHAPIRO, ALAN (Risk, 1985):
Currency risk and country risk in international banking, in: The Journal of Finance,
Vol. 40, Nr. 3, Juli 1985, S. 881-893

SHAPIRO, HARVEY (Fall, 1995):
Before the fall, in: Institutional Investor, März 1995, S. 125

SHAPIRO, HARVEY (Beat, 1996):
The beat goes on, in: Institutional Investor, März 1996, S. 135-137

SÖNNICHSEN, CHRISTOPH (Rating-Systeme, 1992):
Rating-Systeme am Beispiel der Versicherungswirtschaft, Berlin 1992

SÖNNICHSEN, CHRISTOPH (Ratingsysteme, 1996):
Ratingsysteme am Beispiel der Versicherungswirtschaft, in: Büschgen, H.;
Everling, O. (Hrsg.), Handbuch Rating, Wiesbaden 1996, S. 423-453

SOLBERG, RONALD (Sovereign Rescheduling, 1988):
Sovereign rescheduling. Risk and portfolio management, London u. a. 1988

STANDARD & POOR'S (Ratingsdefinitionen, 1998):
Ratingsdefinitionen für Emissions- und Emittentenratings, aus: Standard & Poor's Global
Ratings Handbook, August 1998, S. 1-3

STANDARD & POOR'S, (Sovereign Credit, 1998):
Sovereign credit ratings: A primer, in: Standard & Poor's Creditweek, Dezember 1998,
S. 1-8

STANDARD & POOR'S (Debt, 1999):
Debt indentures to play greater role in sovereign ratings analysis, 8. April 1999, S. 1-3,
http://rd-digex.ratings.com/cgi-bin/gx.cgi/AppLogic+GetArticle?article_id=100114

STANDARD & POOR'S (Global, 1999):
Global flight to quality: The state of the credit, 14. Januar 1999, S. 1-9
http://rd-digex.ratings.com/cgi-b...Logic+GetArticle?article_id=99648,

STANDARD & POOR'S (Outlooks, 2000):
Outlooks: The sovereign credit weathervane, 5. Januar 2000, S. 1-3
http://rd-digex.ratings.com/cgi-b...ogic+GetArticle?article_id=137646

STANDARD & POOR'S (Roots, 1997):
The Roots of financial system fragility, in: Standard & Poor's Credit Week,
10. Dezember 1997, S. 1-5

STANDARD & POOR'S (Sovereigns, 1997):
Sovereigns ride out market volatility, 5. November 1997, S. 1-2,
http://rd-digex.ratings.com/cgi-b...Logic+GetArticle?article_id=52173

STANDARD & POOR'S (Sovereign, 1998a):
Sovereign defaults in 1998: A turning point?, 6. Oktober 1998, S. 1-3,
http://rd-digex.ratings.com/cgi-b...ogic+GetArticle?article_id=102626

STANDARD & POOR'S (Sovereign, 1999):
Sovereign versus corporate ratings stability, 22. September 1999, S. 1-4,
http://rd-digex.ratings.com/cgi-bin/gx.cgi/AppLogic+GetArticle?article_id=127727

STANDARD & POOR'S (Sovereign Credit, 1998):
Sovereign credit analysis: New environment after asian crisis, 13. März 1998, S. 1-3,
http://www.ratingsdirect.com/cgi-bin/gx.cgi/Applogic+GetArticle?article_id=52154

STANDARD & POOR'S (Sovereign Defaults, 1998):
Sovereign defaults continue to decline in 1998, in: Standard & Poor's Credit Week,
12. August 1998, S. 1-11

STANDARD & POOR'S (Sovereign Risk, 1997):
Understanding sovereign risk, 20. August 1997, S. 1-8,
http://rd-digex.ratings.com/cgi-b...Logic+GetArticle?article_id=52180

STANDARD & POOR'S (Standard & Poor's, 1997a):
Standard & Poor's „One country, two ratings" policy, 18. Juni 1997, S. 1-3
http://rd-digex.ratings.com/cgi-b...ogic+GetArticle?article_id=53020

STANDARD & POOR'S (Standard & Poor's, 1999a):
Standard & Poor's ratings definitions, 1. April 1999, S. 1-44,
http://rd-digex.ratings.com/cgi-bin/gx.cgi/AppLogic+GetArticle?article_id=134675

STANDARD & POOR'S (Rating List, 2000):
Standard & Poor's rating list, 4. August 2000, S. 1-2,
http://www.standardpoor.com/ratings/sovereigns/index.htm

STANDARD & POOR'S RATINGS SERVICES FRANKFURT (Rating, 2000):
Was ist ein Rating?, 9. Juli 2000, S. 1-4,
http://www.standardpoor.com/ratings/frankfurt/was.htm

STANDARD & POOR'S RATINGS SERVICES FRANKFURT (Ratingkriterien, 2000):
Ratingkriterien für Regionen und Kommunen, 9. Juli 2000, S. 1-8,
http://www.standardpoor.com/ratings/frankfurt/criteria/regional.htm

STANDARD & POOR'S RATINGS SERVICES FRANKFURT (Ratingskalierung, 2000):
Ratingskalierung erklärt, 9. Juli 2000, S. 1-3,
http://www.standardpoor.com/ratings/frankfurt/ratingskalierung.htm

STANDARD & POOR'S RATINGS SERVICES FRANKFURT (Standard & Poor's, 1997):
Standard & Poor's Rolle in den Finanzmärkten, März 1997, S. 1-6

STEINER, MANFRED (Rating, 1992):
Rating – Risikobeurteilung von Emittenten durch Rating-Agenturen, in: Wirtschaftswissenschaftliches Studium, Heft 10, 1992, S. 509-515

STEINER, MANFRED; HEINKE, VOLKER (Rating, 1996):
Rating aus Sicht der modernen Finanzierungstheorie, in: Handbuch Rating, Büschgen, H. E.; Everling, O. (Hrsg.), Wiesbaden 1996, S. 579-628

STOCKNER, WERNER (Bewertung, 1984):
Die Bewertung des Länderrisikos als Entscheidungshilfe bei der Vergabe internationaler Bankkredite, Frankfurt / Main 1984

STOCKNER, WERNER (Bewertung, 1984a):
Die Bewertung des Länderrisikos, in: Zeitschrift für das gesamte Kreditwesen, Heft 21, 1984, S. 982-988

STRONG, NORMAN; WALKER, MARTIN (Information, 1987):
Information and capital markets, Oxford und New York 1987

SÜCHTING, JOACHIM (Finanzmanagement, 1989):
Finanzmanagement: Theorie und Politik der Unternehmensfinanzierung, Wiesbaden 1989

THOMPSON, JOHN K. (Index, 1981):
An index of economic risk, in: Ensor, Richard (Hrsg.), Assessing country risk, London 1981, S. 69-74

TOMAN, MARTINA (Rating, 1993):
Europäisches Rating für mehr Transparenz, in: Bank Magazin, Heft 3, 1993, S. 22-23

WAGNER, WOLF (Rating, 1991):
Rating mittelständischer Unternehmen: Fundierung und Konzeption einer standardisierten Unternehmensbeurteilung durch Rating, Frankfurt / Main 1991

WALTER, INGO (Country-Risk, 1988):
Country-risk assessment, in: Walter, Ingo; Murray, Tracy (Hrsg.), Handbook of international management, New York 1988, S. 1-19

WANSLEY, JAMES W.; CLAURETIE, TERRENCE M. (Impact, 1985):
The impact of credit watch placement on equity returns and bond prices, in: The Journal of Financial Research, Vol. 8, Nr. 1, 1985, S. 31-42

WESTPHALEN, JÜRGEN (Möglichkeiten, 1982):
Möglichkeiten und Grenzen der Erfassung von Länderrisiken, in: Schimmelpfeng-Review, Nr. 30, November 1982, S. 60-62

WOLL, ARTUR (Volkswirtschaftslehre, 1987):
Allgemeine Volkswirtschaftslehre, 9. Aufl., München 1987

ZUHEIR, SOFIA (Country risk, 1979):
How to rationalize country risk ratios, in: Euromoney, September 1979, S. 76-85

VERZEICHNIS DER KONTAKT- UND GESPRÄCHSPARTNER

Luc Marchand
Associate, Europe
Standard & Poor´s
London: (44) 20-7826-3812
Luc Marchand@standardandpoors.com

Navaid Farooq
Associate, Middle East/Africa
Standard & Poor´s
London: (44) 20-7826-3615
Navaid Farooq@standardandpoors.com,

Jennifer Yang
Research Assistant
Standard & Poor´s
New York: (1) 212-438-7358
Jennifer Yang@standardandpoors.com

Doris Keicher
Communications
Standard & Poor´s
Frankfurt: (49) 069-1387090
Doris Keicher @standardandpoors.com

Francesc Balcells Forellad
Associate Analyst Sovereigns
Moody´s Investors Service
New York: (1)
Balcells@moodys.com

Atsi Sheth
Associate Analyst, Sovereigns
Moody´s Investors Service
New York: (1)
Atsi.Sheth@moodys.com

Therese Feng, PhD
Associate Director
Fitch Ratings
New York: (1) 212-9080750
therese.feng@fitchratings.com

Andrew Nearby
Head of Research
Euromoney Magazine
London: (44) 207-7798694
anearby@euromoneyplc.com

In der Schriftenreihe *Wirtschaftspolitische Forschungsarbeiten der Universität zu Köln* sind bisher erschienen:

Terres, Paul:
Der Weg zur Internationalisierung der D-Mark
(Wirtschaftspol. Forschungsarbeiten, Bd. 1)
2 Mikrofiches, 135 S., 37 Euro, 1996
ISBN 3-89608-221-3

Schaffer, Thomas:
Privatisierungskonzepte im Transforma-
tionsprozeß sozialistischer Planwirtschaften
(Wirtschaftspol. Forschungsarbeiten, Bd. 2)
2 Mikrofiches, 141 S., 37 Euro, 1996
ISBN 3-89608-222-1

Prokop, Marc:
Finanzwirtschaftliche und finanzwissen-
schaftliche Aspekte eines Europäischen
Finanzausgleichs
(Wirtschaftspol. Forschungsarbeiten, Bd. 3)
2 Mikrofiches, 135 S., 27 Euro, 1996
ISBN 3-89608-223-X

Merten, Iris:
Geldpolitik in Spanien. Von den frühen 70er
Jahren bis zur Gegenwart.
(Wirtschaftspol. Forschungsarbeiten, Bd. 4)
2 Mikrofiches, 152 S., 37 Euro, 1996
ISBN 3-89608-224-8

Mikoleizik, Andreas:
Geldverfassung und Geldwertstabilität
(Wirtschaftspol. Forschungsarbeiten, Bd. 5)
1 Mikrofiche, 87 S., 27 Euro, 1996
ISBN 3-89608-225-6 (inzwischen auch als
Buchausgabe lieferbar unter der ISBN 3-8288-
9019-9 zum Preis von 25,90 Euro)

Scharrenbroch, Christiane:
Die Konvergenzkriterien des Vertrages von
Maastricht und ihre ökonomische Begründung
(Wirtschaftspol. Forschungsarbeiten, Bd. 6)
2 Mikrofiches, 125 S., 27 Euro, 1996
ISBN 3-89608-226-4

Böhlich, Susanne:
Die Verschuldung als Finanzierungsinstrument
der Europäischen Union
(Wirtschaftspol. Forschungsarbeiten, Bd. 7)
1 Mikrofiche, 93 S., 27 Euro, 1996
ISBN 3-89608-227-2

Seiche, Florian:
Die Savings und Loan Industrie in den Ver-
einigten Staaten von Amerika. Anatomie einer
Krise
(Wirtschaftspol. Forschungsarbeiten, Bd. 8)
1 Mikrofiche, 87 S., 27 Euro, 1996
ISBN 3-89608-228-0

Borgis, Oliver:
Internationale Währungskooperation am
Beispiel des Weltgeldmengenkonzeptes von
McKinnon
(Wirtschaftspol. Forschungsarbeiten, Bd. 9)
2 Mikrofiches, 105 S., 37 Euro, 1996
ISBN 3-89608-229-9

Ditzer, Roman:
Die japanische Entwicklungshilfe
(Wirtschaftspol. Forschungsarbeiten, Bd. 10)
2 Mikrofiches, 99 S., 37 Euro, 1996
ISBN 3-89608-230-2

Klein, Thilo:
Die peruanische Währungsreform von 1990
(Wirtschaftspol. Forschungsarbeiten, Bd. 11)
2 Mikrofiches, 106 S., 37 Euro, 1997
ISBN 3-89608-594-8

Hagenkort, Susanne:
Der Geldschöpfungsgewinn bei staatlichem
Geldangebot
(Wirtschaftspol. Forschungsarbeiten, Bd. 12)
1 Mikrofiche, 83 S., 27 Euro, 1997
ISBN 3-89608-595-6

Zängerle, Robert:
Medienkonzentration im Fernsehen. Ursachen
und Möglichkeiten ihrer Begrenzung am
Beispiel Brasilien
(Wirtschaftspol. Forschungsarbeiten, Bd. 13)
2 Mikrofiches, 108 S., 37 Euro, 1997
ISBN 3-89608-596-4

Seiche, Florian:
Währungskonkurrenz und Notenbankfreiheit.
Möglichkeiten einer wettbewerblich
organisierten Geldverfassung ?
(Wirtschaftspol. Forschungsarbeiten, Bd. 14)
als Buch lieferbar, 232 S., 25,90 Euro, 1997
ISBN 3-89608-764-9

Stapf, Jelena:
Zur Theorie der Währungskonkurrenz. Beseitigung des staatlichen Geldangebotsmonopols und der Geldnachfrageschranken
(Wirtschaftspol. Forschungsarbeiten, Bd. 15)
1 Mikrofiche, 82 S., 27 Euro, 1997
ISBN 3-8288-0031-9

Brochhagen, Thomas:
Die westdeutsche Währungsreform von 1948 und die Währungsreform 1990 in der DDR: eine vergleichende Betrachtung
(Wirtschaftspol. Forschungsarbeiten, Bd. 16)
2 Mikrofiches, 186 S., 37 Euro, 1997
ISBN 3-8288-0103-X

Wacker, Heiko:
Das brasilianische Wechselkurssystem
(Wirtschaftspol. Forschungsarbeiten; Bd. 17)
als Buch lieferbar, 114 S., 21,90 Euro, 1997
ISBN 3-89608-812-2

Ute Eckhardt:
Dezentralisierung in Kolumbien. Eine Analyse der Reorganisation von Aufgaben, Finanzbeziehungen und Kontrollmechanismen zwischen Gebieteskörperschaften,
(Wirtschaftspol. Forschungsarbeiten; Bd. 18)
als Buch lieferbar, 290 S., 25,90 Euro, 1998
ISBN 3-8288-9013-X

Fritsche, Michael:
Der aktive Finanzausgleich in Brasilien auf der Grundlage der Verfassung von 1988
(Wirtschaftspol. Forschungsarbeiten; Bd. 19)
als Buch lieferbar, 174 S., 25,90 Euro, 1997
ISBN 3-89608-815-7

Schmücker, Julia:
Erfolgreiche Stabilisierungspolitik nach einer großen offenen Inflation. Der Plan Cavallo in Argentinien
(Wirtschaftspol. Forschungsarbeiten; Bd. 20)
als Buch lieferbar, 114 S., 25,90 Euro, 1998
ISBN 3-8288-9008-3

Kellner, Gundula:
Die chilenische Rentenreform und ihre Bedeutung für die inländische Kapitalbildung
(Wirtschaftspol. Forschungsarbeiten; Bd. 21)
als Buch lieferbar, 140 S., 25,90 Euro, 1998
ISBN 3-8288-9016-4

Mann, Thomas:
Fundamentale Zahlungsbilanzkrisenmodelle und Bankenkrise am Fallbeispiel Mexiko
(Wirtschaftspol. Forschungsarbeiten; Bd. 22)
als Buch lieferbar, 204 S., 25,90 Euro, 1998
ISBN 3-8288-9017-2

Thiel, Ingo:
Der dörfliche Bodenübernahmevertrag (nongcun tudi chengbao hetong) in der VR China
(Wirtschaftspol. Forschungsarbeiten; Bd. 23)
als Buch lieferbar, 118 S., 25,90 Euro
ISBN 3-8288-9018-0

Sachon, Julia:
Das Currency-Board-System der Währungspolitik als Stabilisierungsinstrument am Beispiel Argentiniens
(Wirtschaftspol. Forschungsarbeiten; Bd. 24)
als Buch lieferbar, 140 S., 25,90 Euro, 1998
ISBN 3-8288-9023-7

Forati Kashani, Vahid:
Das iranische Finanzsystem
(Wirtschaftspol. Forschungsarbeiten; Bd. 25)
als Buch lieferbar, 336 S., 25,90 Euro, 1998
ISBN 3-8288-9024-5

Schumacher Xavier, Cordula:
Stabilisierungspolitik in Brasilien. Der Plano Real
(Wirtschaftspol. Forschungsarbeiten; Bd. 26)
als Buch lieferbar, 116 S., 25,90 Euro, 1998
ISBN 3-8288-9026-1

Ditzer, Roman:
Der Instrumenteneinsatz in der japanischen Regionalpolitik mit einer Fallstudie zur Präfektur Okinawa
(Wirtschaftspol. Forschungsarbeiten; Bd. 27)
als Buch lieferbar, 214 S., 25,90 Euro, 1998
ISBN 3-8288-9028-8

Rumker-Yazbek, Dorothee:
Die Indexierung in der Wirtschaft Brasiliens
(Wirtschaftspol. Forschungsarbeiten; Bd. 28)
als Buch lieferbar, 92 S., 25,90 Euro, 1999
ISBN 3-8288-9032-6

Prokop, Marc:
Finanzausgleich und europäische Integration.
Ein regionaler Ansatz
(Wirtschaftspol. Forschungsarbeiten; Bd. 29)
als Buch lieferbar, 302 S., 25,90 Euro, 1999
ISBN 3-8288-9030-X

Homann, Simone:
Reformen des Finanzsystems im
Transformationsprozeß zentral geplanter
Volkswirtschaften. Das Beispiel der
Volksrepublik China
(Wirtschaftspol. Forschungsarbeiten; Bd. 30)
als Buch lieferbar, 174 S., 25,90 Euro, 1999
ISBN 3-8288-9036-9

Mohr, Matthias:
Der Einfluß der Kommunalverfassung auf die
Kommunalverschuldung
(Wirtschaftspol. Forschungsarbeiten; Bd. 31)
als Buch lieferbar, 200 S., 25,90 Euro, 1999
ISBN 3-8288-9031-8

Feldsieper, Manfred; Wessels, Wolfgang (Hrsg.):
Die Beziehungen zwischen der Europäischen
Union und Lateinamerika. Ein Materialband
zum Lehrprojekt "Simulationsseminare EU-
Lateinamerika" an der Universität zu Köln
(Wirtschaftspol. Forschungsarbeiten; Bd. 32)
als Buch lieferbar, 120 S., 25,90 Euro, 1999
ISBN 3-8288-9034-2

Hartmann, Philipp:
Agrarreform im brasilianischen Bundesstaat
Ceará. Ökonomische Analyse und Bewertung
(Wirtschaftspol. Forschungsarbeiten; Bd. 33)
als Buch lieferbar, 118 S., 25,90 Euro, 1999
ISBN 3-8288-9037-7

Bürfent, Peter:
Rentenreformen in Lateinamerika
(Wirtschaftspol. Forschungsarbeiten; Bd. 34)
als Buch lieferbar, 366 S., 25,90 Euro, 2000
ISBN 3-8288-9038-5

Conrad, Heinz Harald:
Reformen und Problembereiche der
öffentlichen Rentenversicherung in Japan
(Wirtschaftspol. Forschungsarbeiten; Bd. 35)
als Buch lieferbar, 331 S., 25,90 Euro, 2000
ISBN 3-8288-8159-9

Gerstenberger, Björn:
Die Stellung der Zentralbank im
wirtschaftspolitischen System Brasiliens
(Wirtschaftspol. Forschungsarbeiten; Bd. 36)
als Buch lieferbar, 105 S., 25,90 Euro, 2000
ISBN 3-8288-8164-5

Botzenhardt, Philipp:
Konzepte zur Messung der Unabhängigkeit
von Zentralbanken
(Wirtschaftspol. Forschungsarbeiten; Bd. 37)
als Buch lieferbar, 105 S., 25,90 Euro, 2000
ISBN 3-8288-8214-5

Murwanashyaka, Ignace:
Untersuchungen über die Geldnachfrage in
Südafrika
(Wirtschaftspol. Forschungsarbeiten; Bd. 38)
als Buch lieferbar, 203 S., 25,90 Euro, 2001
ISBN 3-8288-8232-3

Hügle, Wolfgang J.:
Finanzsysteme, wirtschaftliches Wachstum und
die Rolle des Staates. Ein funktionaler Ansatz
unter Berücksichtigung der Reformerfahrung
lateinamerikanischer Länder
(Wirtschaftspol. Forschungsarbeiten; Bd. 39)
als Buch lieferbar, 301 S., 25,90 Euro, 2001
ISBN 3-8288-8234-X

König, Torsten:
Das regelgebundene Währungssystem der
Franc-Zone im Wandel der Zeit.
(Wirtschaftspol. Forschungsarbeiten; Bd. 40)
als Buch lieferbar, 280 S., 25,90 Euro, 2001
ISBN 3-8288-8270-6

Engellandt, Axel:
Finanzintermediation und Leitwährungen. Ein
grundlegender Beitrag zu einer internationalen
Geldtheorie
(Wirtschaftspol. Forschungsarbeiten; Bd. 41)
als Buch lieferbar, 281 S., 25,90 Euro, 2001
ISBN 3-8288-8298-6